AF535394

JULIA SEIDL

# KLEINES ZUHAUSE
# GROSSE FREIHEIT

JULIA SEIDL

# KLEINES ZUHAUSE GROSSE FREIHEIT

Erfüllt leben auf weniger Raum

10 Porträts minimalistischer Lebensmodelle

Mit Fotos von Stefan Rosenboom

LUDWIG

Penguin Random House Verlagsgruppe FSC® N001967

3. Auflage

Originalausgabe 5/2019

Redaktion: Angelika Lieke
Umschlaggestaltung: Eisele Grafik·Design, München
Umschlagfoto Cover: © Daniel J. Glasl;
Umschlagfoto Rückseite: © Stefan Rosenboom
Satz: Schaber Datentechnik, Austria
Druck und Bindung: Pustet, Regensburg
Printed in Germany
ISBN: 978-3-453-28112-7

www.Ludwig-Verlag.de

# INHALT

# VORWORT

Es gibt Themen, die einen Journalisten durch sein berufliches Leben begleiten wie ein roter Faden, wie ein treuer Hund, der ihm nie von der Seite weicht. Ich habe mich in meiner Laufbahn zielsicher immer wieder mit Menschen beschäftigt, die im landläufigen Sinne arm sind, extrem wenig Dinge besitzen oder auf besonders kleiner Fläche wohnen. Vor fast 20 Jahren zum Beispiel habe ich einen Dokumentarfilm über eine bescheidene alte Frau mit Namen Resi gedreht, die eine besondere Begabung hatte: wunderschöne filigrane Sterne aus einem speziellen Gras zu basteln. Als »einschichtige Frau« – wie man in Bayern zu Alleinstehenden sagt – lebte sie in einem Kleinbauernhaus mit nur zwei Zimmern. Ihre winzige Küche, ausgestattet mit einem quadratischen Tischchen und einem alten Kanapee, war gleichzeitig auch ihr Ess- und Wohnzimmer. In diesem Raum kochte und aß sie, schrieb Briefe und bastelte ihre Sterne – immer mit Blick auf eine weißblaue Lourdes-Madonna aus Gips, die von ihr sehr verehrt wurde. Nur eine Holztüre trennte dieses multifunktionale Zimmer vom Stall, wo sie täglich ihre drei Ziegen molk. Im Erdgeschoss dürfte die Resi insgesamt nicht mehr als 25 Quadratmeter zur Verfügung gehabt haben. Im Obergeschoss, am Ende einer uralten, etwas abenteuerlichen Holztreppe, hatte sie noch ein nicht beheizbares Schlafzimmer, das wir als Fernsehteam aber nie betreten durften. Resis Haus war winzig, geradezu ärmlich. Für sie alleine reichte es, aber einst hatte sie dort auch mit ihren Eltern zusammengewohnt. Wie das gehen konnte, ist mir heute noch schleierhaft.

Schon damals hat mich der einfache Lebens- und Wohnstil und die Reduzierung auf das Wesentliche fasziniert. So sehr, dass ich immer nach Menschen gesucht habe, die sich freiwillig von ihrem Besitz lösten und meistens auch auf kleiner Wohnfläche lebten. Diese jahrelange Suche brachte mich bei eisigen Minustemperaturen in den alten Lieferwagen von Paula, den sie selbst ausgebaut hatte und mit dem sie auf dem Wagenplatz von »Stattpark Olga« in München lebte. An einem frischen sonnigen Frühlingsmorgen landete ich bei Michael, dessen Saison als »Teilzeit-Eremit« in einer alten Scheune gerade begann. Heiße Sommernachmittage verlebte ich bei dem Besitzer eines Schäferwagens, der damit alleine quer durch Deutschland fuhr, um den Unfalltod seines Sohnes zu verarbeiten. All diese Menschen habe ich zu einer Zeit porträtiert, als in Deutschland noch niemand von Tiny Houses sprach.

Da ich als Journalistin gerne dem Zeitgeist nachspüre – mit langen Dokumentationen über Urban Gardening, Wildpflanzen oder die Situation der Bienen –, begegnete mir schon sehr früh das Thema »Tiny Houses« oder »Small House Movement«. Vor sechs Jahren war das noch ein Trend, der mich sofort neugierig machte. So war ich die erste Journalistin im Bayerischen Rundfunk, die Filme über Tiny-House-Besitzer machte. Ein schwieriges Unterfangen: Denn damals war es nicht ganz einfach, Protagonisten zu finden, die schon in Tiny Houses wohnten. Und wenn, dann wollten sie nicht in den Medien erscheinen, da sie meist illegal oder nur geduldet ihre Wagen aufgestellt hatten. »Wenn das rauskommt« oder »Das darf keiner sehen« – diese Sätze habe ich auf der Recherche allzu oft gehört.

Die Menschen, die in diesem Buch wie in einem bunten Blumenstrauß versammelt sind, habe ich dann über die verschiedensten Wege und Kontakte gefunden. Schreiner, Architekten, Facebook-Gruppen oder Kräuterfrauen brachten mich zu ihnen. Stets freundlich unterbrachen sie für mich eine Zeit lang ihr zurückgezogenes Leben und gewährten der Öffentlichkeit einen Blick auf ihren Alltag.

Auch die zehn Porträtierten, die ich für dieses Buch ausgesucht habe, bewegen sich abseits vom üblichen Weg. Sie wagen es, in sich selbst hineinzuhorchen und sich Fragen zu stellen wie: Wie will ich leben? Welche Wohnform passt zu mir? Mit einer gewissen Sturheit und einem starken Willen haben sie aus dieser Reflexion heraus mutige Lebensentscheidungen getroffen. Sie haben eingefahrene Bahnen verlassen: Heute trifft man sie in Schiffscontainern, Tiny Houses, Modulhäusern oder Wohnwürfeln an. Ihr gemeinsames Ziel ist: wenig Besitz und eine Wohnform, die finanziell und zeitmäßig nur minimal belastet, für einige von ihnen ist darüber hinaus die Nähe zur Natur ein wichtiger Aspekt. Mein Buch erhebt dabei aber keinen Anspruch, alle Facetten des Tiny-House-Lebensgefühls zu beleuchten. Die Leser werden keine Bauanleitungen und nur wenig technische Details finden. Auch habe ich den Begriff »Kleines Zuhause« bewusst dehnbar gehalten, um eine große Bandbreite von kleinen Wohnformen aufzeigen zu können.

Das Ankommen in einem kleinen Zuhause bringt gleichzeitig den Abschied von vielen Dingen mit sich. Egal ob man es Downsizing, Minimalismus, Magic Cleaning oder Death Cleaning nennt – die Frage, »Wie viele Dinge braucht der Mensch?« haben sich alle Porträtierten gestellt. Da ich als Kind von Sammlern aufgewachsen bin, war mir diese Welt fremd. Ich kannte eher Wände, die bis auf jeden Zentimeter mit Ölgemälden und Hinterglasbildern vollgehängt waren. Schränke voller Wachskunst, bemalten Gläsern, antiken Textilien. Volle Garagen mit bemalten Schränken, Truhen oder Vitrinen. Beim Sammeln gibt es kein Limit nach oben. Mich hat dieser Überfluss an Dingen so gesättigt, dass ich dieses Gericht mein Leben lang nur noch in geringen Dosen zu mir nehmen kann. Den Anblick meiner wenigen schönen Antiquitäten genieße ich dafür umso mehr.

TOSHIBA

Gerade deshalb hat mich die freiwillige Dinge-Diät, das Nicht-besitzen-Wollen, das Wegwerfen, das Aussortieren immer interessiert. Was würden Sie denn mitnehmen, wenn Sie freiwillig »verschlanken« müssten? Was würde übrig bleiben von Ihrem Leben? Eine anrührende Antwort darauf gab 2015 die Ausstellung »Mitgenommen. Heimat in Dingen« im Haus des Deutschen Ostens in München. Dort bestanden die Exponate aus Gegenständen, die die Menschen auf ihrer Flucht aus dem östlichen Europa vor 70 Jahren begleitet hatten. Die ausgestellten Sachen waren erstaunlich: Da fanden sich ein ganzes Kaffeeservice, ein kleiner Kinderstuhl, ein Zeiss-Fotoapparat, ein kompletter Geburtshilfekoffer oder eine Meerschaumpfeife. Alles Dinge, die dem Besitzer so viel bedeuteten, dass er dafür fast alles andere in der Heimat zurückließ.

In diesem Buch werden Sie viel über Reduzieren, Verkleinerung und Befreiung lesen. Die zehn Menschen, die sich hier in ihrer Verschiedenheit bunt entfalten, haben diese Erfahrungen alle gemacht. Die wenige Wohnfläche hat ihren Verbrauch an Gütern, Geld und Ressourcen verringert.

Oft habe ich mir beim Filmen und Schreiben die Henne-Ei-Frage gestellt. Was war zuerst da: die Henne oder das Ei? Was ist Ursache, was ist Wirkung? Haben sich die Gedanken bereits um Vereinfachung gedreht, und ist deshalb die Entscheidung für eine kleine Wohnform gefallen? Oder hat das kleine Zuhause die Befreiung, das Downsizing befördert? Vielleicht hat mich das am Ende zu dem

Selbstversuch in einem Tiny House verleitet, weil ich dort meine eigene Antwort finden wollte. Fruchtbar war dieser Aufenthalt ebenso wie die vielen inspirierenden Gespräche, die ich mit den Porträtierten führen durfte. Es ist nur ihrer Geduld zu verdanken, dass ich meinem Lebensthema wieder näher gekommen bin. Dafür bin ich ihnen allen unendlich dankbar.

# BETTINA –
# HANDWERKERIN MIT FANTASIE

## 28 m², Schiffscontainer

Natürlich wird es bei ihr wieder eine gerade Linie. Noch dazu eine ziemlich lange. Zwanzig kleine Vasen aus Bleikristall reiht Bettina hintereinander auf – von einem Tischende zum anderen. Jeden Morgen nach ihrem kurzen Spaziergang durch die benachbarte Wiese dekoriert sie diese kleine feste Ordnung aus Glas mit weißen Margariten, lila Wiesensalbei, pinken Pechnelken oder gelbem Labkraut. Still, entschieden und gekonnt. Um sie herum wachen bereits ihre Feriengäste aus aller Welt auf, gähnen, strecken sich. In Flip-Flops und Batik-T-Shirts werden sie sich bald das Terrain von Bettina erobern. Aber noch hat sie Ruhe bei ihrer morgendlichen Übung, ihrer Aufgabe, ein wenig Ordnung in eine chaotische Welt zu bringen. Und wenn es auch nur auf einem vier Meter langen Tisch ist.

Der große Holztisch steht unter freiem Himmel und ist das Herzstück ihrer so ganz eigenen Bettina-Welt. Eine verrückte, andere Welt – jenseits von Baugenehmigungen,

Erschließungsplänen und Architektenentwürfen. In der Nähe eines oberbayerischen Dorfes hat sich die resolute 55-Jährige ihre Welt einfach selbst gebaut. So wie sie ihr gefällt. Mit eigenen Händen, ohne jegliche Hilfe. Selbst gemachte Haus- und Wohnideen auf 1500 Quadratmetern. Individuell, ausgefallen, verschroben – meist aus Weggeworfenem, Unnützem, Ungeliebtem angefertigt. Und jetzt hat sie auf dieser großen Spielwiese für ihre Fantasie zwei Bauwagen, einen Schiffscontainer, viele kleine Hütten und ihr neu gebautes Tiny House auf Rädern stehen. Sie vermietet die kleinen Häuser Jahr für Jahr in den Sommermonaten an ungefähr 600 junge Feriengäste aus aller Welt – ein Eldorado für Unangepasste, Abenteuerlustige und Andersdenkende. Fast täglich wechseln ihre Mitbewohner, denn länger als vier Tage darf kein Gast bleiben; das wird Bettina dann zu familiär, zu eng. Lieber umgibt sie sich ständig mit neuen Gesichtern, Sprachen, Charakteren. Andererseits müssen vielleicht gerade deshalb einige Dinge bei ihr jeden Tag nach dem gleichen Muster ablaufen.

»Im Leben braucht man gerade Linien«, sagt sie, während sie die Blumen für die Vasen mit einem scharfen Messer kürzt. »Ins Chaos musst du eine Linie reinbringen, damit du nicht das Gefühl hast, dass sich alles auflöst«, sinniert Bettina weiter und rückt die ersten gefüllten Vasen wie kleine Zinnsoldaten in ihre Marschordnung. Zwanzig kleine bunte Blumensträußchen in Reih und Glied. Ein sommerlich dekorierter Tisch, ein optischer

Ruhepol inmitten ihrer sich stets wandelnden quirligen Welt.

Die gerade Linie hat Bettina immer wieder gerettet. Wie ein Seil, das man jemandem zuwirft, der verzweifelt am Abgrund hängt. Denn Bettinas Leben klingt wie eine Seemannsgeschichte: starke Stürme, Kollisionen, Auflaufen auf Grund – alles ist ihr im übertragenen Sinne widerfahren. Sie hat Abenteuerliches und Schreckliches mitgemacht – mehr, als viele Menschen ertragen könnten.

Auf den wenigen Kinderfotos sieht man Bettina als rotbäckiges, blondgelocktes kleines Mädchen im hellblauen Mäntelchen. Aufgewachsen ist sie in einem kleinen Dorf im Allgäu, eine typische Kindheit auf dem Land. Aber sie ist schwer überschattet: Der dominante Vater tyrannisiert alle in seiner Familie, die Mutter, die drei Kinder. Die Mutter, eine schmale Frau, darf nicht einmal alleine einkaufen gehen oder am Zaun mit der Nachbarin reden. Auswege, oder gar Flucht, gibt es damals nicht. Im Alter von 39 Jahren stirbt Bettinas Mutter an Krebs. Bettina sagt: »Sie ist zerbrochen an dieser Situation, aus der sie nicht rauskam.« Und mit dem chinesischen Sprichwort »Ein einfacher Zweig ist dem Vogel lieber als ein goldener Käfig« im Hinterkopf entschließt sich Bettina mit nur 15 Jahren, von zu Hause wegzulaufen. Ohne Geld, ohne Ausbildung. Es wird ein harter Überlebenskampf: Mit 15 darf sie nirgends offiziell arbeiten, aber sie braucht Geld. Ein junges hübsches Mädchen – völlig verloren und oft verzweifelt. Mit 17 wird das heimatlose Wesen schwanger, heiratet, wird Mutter. Aber alles geht schief: Die Ehe zerbricht, und ihr Sohn wächst vorwiegend bei dem älteren Vater auf. Eine Heimat kennt Bettina lange nicht mehr. Sie jobbt in der Gastronomie, macht eine Ausbildung zur Hotelfachfrau. Steinig ist der Weg, oft weiß sie nicht, wovon sie ihre Miete zahlen soll.

Der Fixstern am Himmel – bei allem Übel – bleibt für sie ihre »Freiheit«. Und daran hat sich bis heute nichts geändert. Und sie definiert diese Freiheit für sich so: »Freiheit ist aus einer Situation rausgehen zu können, wenn sie für mich nicht mehr tragbar ist.« Das ist ihr kategorischer Imperativ, ihre Handlungsmaxime. Und auch wenn es viel Arbeit ist, ihre jungen Gäste zu beherbergen, Betten zu beziehen, viel Wäsche zu waschen, zu putzen, alles instand zu halten, so ist es für sie dennoch eine Form von Freiheit. Blumen gießen, Pferde füttern, die Außenküche sauber halten – Entspannung. Kochkurse und Handwerkerkurse für Frauen geben – ein Vergnügen.

Inmitten dieser lässig-lockeren Gäste, die ihre jugendliche Freiheit genießen, wohnt sie seit sieben Jahren in einem Schiffscontainer, den sie – auf der Suche nach einer neuen Heimat – online für einen Euro gekauft hat. Mit seinem flachen Dach ist ihr extravagantes Zuhause ein Meisterwerk der geraden Linien. Fenster und Türen hat die kräftige Bettina mit der Flex einfach aus dem Korpus rausgeschnitten – beherzt und entschlossen, wie es ihrem Wesen entspricht. Isoliert hat sie den Container mit Trockenbauwänden und Steinwolle, eine kleine Fotovoltaikanlage auf dem Dach versorgt sie mit kostenlosem Strom. Auf eine Toilette im Container musste sie wohl oder übel verzichten, aber nur wenige Meter entfernt von ihrem kleinen Häuschen steht eine Komposttoilette.

28 Quadratmeter Wohnfläche im Rechteck – das ist Bettinas Rückzugsort, wo sie sich mit ihren Lieblingssachen ein kleines individuelles Zuhause geschaffen hat. Alte lederne Reisekoffer, ein Vintage-Tisch, vier Stühle, ein alter Polstersessel, eine gusseiserne Badewanne und ihre selbst gemalten Bilder. Der Raum ist liebevoll dekoriert und wirkt voll, denn hier wohnt kein Minimalist, der möglichst wenig Dinge besitzen will.

In großen Häusern wohnen will Bettina nicht mehr. Ihr reicht es jetzt so. Bevor sie in den Schiffscontainer zog, hatte sie fünf Jahre lang einen riesigen Gutshof mit 600 Quadratmeter Wohnfläche gepachtet. Ein gigantischer Irrsinn. »So viel Platz braucht kein Mensch«, sagt sie, während sie barfuß am Laptop in ihrem »Wohnzimmer« sitzt. An einem rechteckigen alten Holztisch nimmt Bettina täglich ihre Online-Buchungen an, füttert ihre große Facebook-Gemeinde mit schönen romantischen Fotos aus ihrer Welt, und bei Regen und Schnee schreibt sie einfach an einem ihrer Romane weiter. Zu ihren Füßen liegt Jake, eine alte riesige schwarz-weiße Dogge, der Bettina hier ihr Gnadenbrot gewährt. Jake, der anhängliche sanfte Riesenhund, der nie von ihrer Seite weicht, hat es sogar geschafft, dass Bettina im letzten Winter in

Deutschland geblieben ist. Sonst verbringt sie die Wintermonate nämlich regelmäßig in Melbourne, im warmen Australien. Aber Jake alleine lassen, das brachte sie nicht übers Herz. Ein Herz, das immer für Hilfsbedürftige schlägt, auch wenn die Hülle, die es umgibt, manchmal ziemlich rau wirkt.

»Wenn man jung ist, sammelt man erst mal Sachen, aber später werden sie zum Ballast«, behauptet Bettina, während sie – die Lesebrille hoch ins Haar geschoben – mit leuchtend blauen Augen ihr kleines Reich überblickt. Sie ist hier die Chefin, die Regentin; daran besteht nicht der geringste Zweifel. Und durch ihr großes Fenster behält sie das Geschehen auf dem Innenhof immer im Blick. Entgleiten, über den Kopf wachsen tut Bettina nichts mehr. »Wir haben zu viel Überfluss, zu viel Zeug«, sagt sie empört. Und als ob es ein persönlicher Affront wäre: »Das muss man dann alles behalten, pflegen, darauf aufpassen. Das brauch ich nicht mehr!« Entschlossen klappt sie ihren Laptop zu.

Lange hält es Bettina sowieso nicht in geschlossenen Räumen aus. Vielleicht reicht ihr deshalb so ein kleines Häuschen. Die meiste Zeit verbringt sie draußen, unterwegs. Meist mit ihrem Fotoapparat – schöne Momente, stimmungsvolle Bilder sammeln. Echte Werte, die keinen Stellplatz brauchen und auch nicht abgestaubt werden müssen. Wie ein Pilzsucher seine besten Sammelplätze kennt, so hat auch sie ihre eigene Landkarte der schönsten Ausblicke gespeichert. Unterwegs ist sie immer alleine, was sonst. Da redet keiner mit ihr oder will was von ihr. »Draußen macht glücklich«, so ist das Credo der braun gebrannten Bettina. »Räume sind immer abgeschlossen, abgesperrt – aber Sonne, Luft, das Wetter – ist Freiheit!«

Aber diese Freiheit hat natürlich auch ihre Grenzen, zum Beispiel wenn es in Strömen regnet. Dann zieht Bettina sich gern in ihre »Frauenwerkstatt« – wie sie es nennt – zurück. Eine Werkstatt voller Bohr- und Fräsmaschinen, Kettensägen und Akkuschrauber, aber das Fenster schön dekoriert mit einem weißen Gardinchen. Mittendrin steht Bettina in einem karierten Arbeitshemd, die Ärmel hochgekrempelt. Jetzt geht es los. Sie greift in die Kisten, zieht alte Holzreste heraus. Dann am Fensterbrett weiße Glaskugeln, die niemand mehr braucht. Ihre Schätze vom Wertstoffhof, aus Haushaltsauflösungen oder Geschenke von Freunden. Bettina wird still, sie bohrt, sie feilt. Hunderte von Stunden hat sie hier schon verbracht. Immer alleine. Manchmal gern, manchmal nicht. Denn Handwerker kann sie sich nicht leisten, und wer soll dann das undichte Dach oder die lockeren Zaunlatten reparieren? So wurden Dübel, Schrauben und Bohrer ihre Kameraden. Ob sie wollte oder nicht. Aber irgendwann wollte sie auch. Sie ist eine starke Frau, kräftig gebaut, eine, die zupackt.

Auch in der Werkstatt geht es um Klarheit, Entscheidungen. Und um Fantasie. Ein Meter Kupferdraht, ein 30 Zentimeter großes Treibholz, zwei alte Glaskugeln. Und? Was könnte das werden? Bettinas Hände sagen: eine Lampe.

Sie bohrt von oben zwei Löcher in das Holz und dreht zwei große Schrauben hinein, die sie ein wenig überstehen lässt, um die weißen Kugeln anschließend daraufzusetzen. Alles wackelt noch ein wenig, aber das ist kein Problem. Bettina holt ihren Kupferdraht hervor und umwickelt dekorativ die gesamte Kreation. Der Plan geht auf: Wieder hat Bettina, die Do-it-yourself-Handwerkerin, ein neues Ding erschaffen aus Altem, Weggeworfenem. Mit solchen Dingen hat sie ihre Bauwagen und ihr hölzernes Tiny House originell und mit viel Geschick möbliert.

Von drinnen hört man ein großes Motorrad auf den Hof fahren. Es könnte der erste Gast heute sein. Schnell schiebt Bettina ihre Lesebrille nach oben und macht sich auf den Weg zur Einfahrt, die auf ihr Grundstück führt. Dort steht der junge Zimmermann Simon, in voller Ledermontur, den Helm unter den Arm geklemmt. Eine herzliche Umarmung folgt, denn man kennt sich. Simon hat hier schon öfter übernachtet, obwohl er auf Komfort wie ein eigenes Bad oder eine normale Toilette verzichten muss. »Hier schau, dein Reich«, sagt Bettina fröhlich und hält ihm den bunten Fransenvorhang auf, der in den Bauwagen führt. Simon wirft nur einen kurzen Blick in sein Feriendomizil, denn er kennt ja Bettinas Wagen.

Der rothaarige, groß gewachsene Mann bewundert Bettina. »Wow, Hut ab! Respekt!«, so purzelt das Lob begeistert aus ihm heraus. »Alleine als Frau – Wahnsinn!«, schickt er noch hinterher. Schon als Kind hat Simon gerne in Bauwagen übernachtet, bei Bettina kann der junge Mann vom Aussteigen träumen, vom einfachen Leben – ohne selbst in seinem Alltag auf irgendetwas verzichten zu müssen.

Voller Anerkennung ist der ausgebildete Zimmermann für das grau bemalte Tiny House, das Bettina fast fertig gebaut hat. Es ist das zweite Häuschen, bei dem sie von A bis Z alles alleine gemacht hat, während sie ihren Schiffscontainer und die Bauwagen »nur« umgebaut hat. Bettina ist eine untypische Bauherrin – denn sie baut ohne Entwurf, ohne Plan. Sie richtet sich nur nach dem, welches Material sie zur Verfügung hat. Denn Kaufen ist viel zu teuer. So ist ihr kleines neues Holzhäuschen auf Rädern ein wahres Musterbeispiel für Recycling. Das Fahrgestell stammt von einem alten Heuwagen, die Bretter sind, ebenso wie die Fenster, Überbleibsel von abgerissenen Häusern. So baut Bettina Schritt für Schritt, manchmal auch mit großen Pausen, wenn ihr das Material ausgeht – immer allein. Dann ist sie zeitunabhängig und kann arbeiten, wann sie will und wenn sie wieder Material zur Verfügung hat. Sogar ein Satteldach mit großen, schweren Platten hat sie aufgesetzt, ein enormer Kraftakt. »Das wird mein erstes und einziges Satteldach bleiben«, seufzt Bettina. Manche Sachen sind auch ihr zu schwer, das kann sie zugeben.

Gesehen hat sie solche kleinen Häuser zum ersten Mal auf ihren monatelangen Reisen durch die USA und

Australien. Gerade aus den USA stammt das »Tiny House oder Small House Movement«. Erstaunlich eigentlich bei einer Nation, die für XXL-Konsum und große prächtige Villen steht – wenn es geht, mit eigenem Swimmingpool, mehreren Wohnzimmern und viel, viel Platz. So war 2007 das durchschnittliche amerikanische Haus schon 65 Quadratmeter größer als noch im Jahr 1978. Eine räumliche Expansion, die 2007 mit der Finanzkrise abrupt gestoppt wurde. Viele Amerikaner verloren in dieser Zeit ihre Häuser. Schuld daran war eine gewaltige Immobilienblase, die entstand, weil hohe Kredite an Geringverdiener ausgezahlt wurden – eine Dynamitladung, die irgendwann explodierte und viele Menschen obdachlos machte. Und das gerade in den USA, wo selbst Barack Obama am 11. Mai 2013 in einer Rede die These vertrat, dass das Eigenheim zum amerikanischen Traum gehöre: »And few things define what it is to be middle class in America more than owning your own cornerstone of the American Dream: a home.« (»Nur wenige Dinge definieren besser, was es bedeutet, zur amerikanischen Mittelschicht zu gehören, als die Grundlage des amerikanischen Traums zu besitzen: ein eigenes Haus.«)

Sich diesen Traum kostengünstig erfüllen zu können, allerdings in der XS-Version, ist Ziel der 2002 gegründeten Small House Society. Unter den 2000 Mitgliedern finden sich auch innovative Architekten und Designer, die sich mit der Entwicklung von kleinen Wohnräumen beschäftigen. Einer von ihnen ist Jay Shafer, die Galionsfigur der Tiny-House-Bewegung in den USA. Anfang der 90er-Jahre baute er sich in Kalifornien ein eigenes kleines Haus aus Holz und auf Rädern mit einer Wohnfläche von nur 9 Quadratmetern. Seitdem wohnt er sozusagen auf »kleinem Fuß« und ist mit seiner Firma Tumbleweed Tiny Houses bekannt geworden. Geholfen hat dabei sicher auch, dass er Talkshow-Gast bei Oprah Winfrey war. Heute tourt Shafer mit Workshops durch die USA und vermarktet dabei seine winzigen Heime. Seine Häuser haben eine Wohnfläche von 8 bis 25 Quadratmetern. Für einen Preis von 99 Dollar kann man in seiner inzwischen neu gegründeten Firma Four Lights Tiny House Company Baupläne für ein Minihaus erwerben.

Ein lukratives Geschäft – angeblich soll es schon mehrere Tausend mobile Minihäuser in Amerika, Kanada und Australien geben. Einen großen Erfolg erzielte das »Small House Movement«, als 2017 zum ersten Mal der Begriff »Tiny House« offiziell in das amerikanische Baurecht aufgenommen wurde. »Tiny« bedeutet dort eine Grundfläche bis zu 37 Quadratmetern.

Ein kleines Heim auf Rädern, mobil und gemütlich, das wollte Bettina auch in Bayern nachbauen. 10 Quadratmeter – ein hölzernes Symbol für Anderssein, Genügsamkeit und Beweglichkeit. Bettina will nicht stehen bleiben, fest zementiert, sondern stattdessen ihr Leben immer wieder einmal in andere Bahnen lenken.

Das macht Bettina auch in den 90er-Jahren, als sie Deutschland verlässt. Mit dem Motorrad reist die hübsche Blondine durch Algerien, Niger, Benin, Togo, Libyen, Tschad, Kamerun – eine gefährliche Tour quer durch die Wüste und durch die ärmsten, teilweise auch gefährlichsten Länder der Welt. »Das war das einschneidendste Erlebnis in meinem ganzen Leben«, erzählt sie. Ihr Ton wird jetzt noch nachdrücklicher, die Stimme lauter. »Wenn man dort sieht, was wirkliche Armut ist, wenn die nichts zu essen haben, kein Wasser, keine Medizin«, zählt sie die Misere in Afrika auf. »Wenn du dann zurückkommst, bist du ein anderer Mensch«, beschreibt sie die Katharsis in ihrem Leben. Gereinigt von Affekten wie Gier oder Neid kehrt sie nach Deutschland zurück. Und denkt sich: Was, um Gottes willen, tun wir hier? Was soll das alles?

Nach dieser Reise stellt sie den Reglerknopf ihres Lebens wieder mal auf »Reset« – Neuanfang. Wie schon so oft zuvor. Und drückt den Knopf »Delete« – Löschen – gleich dazu. Wenn jemand radikal, klar und kompromisslos sein kann, dann diese Bettina mit ihrem lauten Lachen, ihrer Quirligkeit, ihrer Patentheit. Die Aussicht auf eine hohe Rente oder gar ein Vermögen schießt sie in den Wind. Auch auf eine Krankenversicherung verzichtet sie. Sie beschließt, ihr eigenes kleines Reich zu schaffen – wild, kreativ und zugänglich für alle Freiheitsliebenden.

Wenn sie dann nach einer Nacht im Bett auf dem Dach ihres Häuschens früh an einem Sommermorgen aufwacht, erlebt sie einen der Momente, für die es sich gelohnt hat: der Blick auf die bayerischen Voralpen, die langsam im Morgenrot erstrahlen. Erhaben, unbestechlich. Und bald wird Bettina aufstehen, bunte Blumen auf der Wiese pflücken. Die gerade Linie der zwanzig kleinen Kristallvasen wird auch heute wieder gezogen werden.

# REINHARD –
# BOOTSACHBAUER MIT VISION

## 12,5 m$^2$, Tiny House

Am Anfang war das Bild. Ein Ölbild in knalligem Blau und frischem Grün. Eine riesige Wiese und ein sattblauer Himmel. Auf der großen grünen Fläche, die sich sanft erhebt, steht nur *ein* Baum und *ein* kleiner hölzerner Wagen. Aus seinem Schlot steigt heimeliger Rauch – hier scheint jemand zu wohnen. Bloß alles rundherum ist menschenleer, wie ausgestorben. Ein Bild fast wie aus einem Traum, so surreal kommt es daher.

Im Hochsommer hängt dieses Ölbild noch in Reinhards Wohnzimmer. Für den 60-jährigen Bootsbauer, Hobbyfotografen und Lyriker gehört es zu den wichtigsten Dingen, die er besitzt. Entdeckt hat er das Bild in einer Ausstellung, wo er auch selbst mit seinen großformatigen Fotografien vertreten war. »Ich musste das Bild unbedingt haben«, erzählt er, während er es in den Händen hält. »Das ist mein Traum, in einer schönen Landschaft in Ruhe alt werden in einem Tiny House. Freilich, es könnten mehr Bäume sein. Für mich könnten auch mehrere

Tiny Houses nebeneinander stehen, ich brauche es nicht so einsam. Nette Freunde in Sichtweite, das ist ideal. Und außerhalb vom Bildrand, da ist dann die nächste Stadt, wo man alles bekommt, was man braucht«, schließt er seine Erklärung ab. Auf jeden Fall lässt er dieses Bild weiter hängen als täglichen Ansporn, endlich sein eigenes Tiny House fertigzustellen.

Seit neun Monaten arbeitet Reinhard an seinem eigenen Häuschen. »Es gibt ja diesen Spruch: Ein Mann muss einen Sohn zeugen, einen Baum pflanzen, ein Haus bauen«, sagt er, während er Bretter für den Fußboden zurechtsägt. 80 Stunden hat er bereits investiert in seinen Lebenstraum – nur mit einer Anfangsskizze als Idee. Um die Kosten möglichst gering zu halten, baut er nur mit gebrauchten Materialien, die er günstig kaufen kann. So kommt es aber manchmal zum Baustillstand, weil neue Baustoffe zu teuer sind. Als Werkstatt nutzt der erfahrene Handwerker die Bootswerft am Starnberger See, in der er auch angestellt ist. Inzwischen ist sein Tiny House mit fünf Metern Länge und zweieinhalb Metern Breite zu groß dafür. Seitdem hat Reinhard es außerhalb der Werft auf dem Parkplatz abgestellt. Die vielen Radfahrer und Passanten, die ihn schon auf das eigenwillige Häuschen angesprochen haben, kann er nicht mehr zählen. Sein Tiny House ist ein Hingucker, eine Rarität – vor allem im reichen Starnberg.

Wenn Reinhard jemanden mag, erklärt er ihm auch den Aufbau seines Häuschens. Die Wand hat er in vier

Schichten gearbeitet: Außen ist das Häuschen mit 25 Millimeter dickem Lärchenholz verkleidet, dann folgt eine Grobspanplatte, eine sechs Zentimeter dicke Dämmung aus Hanf und Jute und schließlich noch eine Weichfaserplatte zum Schluss. Ein Haus wie eine Zwiebel – aber Reinhard will es ja auch im Winter bewohnen können. Für sein Bad, seinen »Wellness-Bereich«, wie er es nennt, hat er zweieinhalb Quadratmeter eingeplant. Die großen Fenster des Häuschens sind nach Süden gerichtet, im Norden hat er kleine Fenster eingebaut. »Ich möchte dauerhaft mit mehreren Leuten auf einem schönen großen Grundstück ein Tiny-House-Dorf gründen, wo man sich gegenseitig unterstützen kann im Alter«, das stellt Reinhard sich vor. Bis dahin will er dieses kleine Refugium am Wochenende mit seiner Frau Petra austesten, die sich noch nicht ganz so leicht von ihrem Reihenhaus und ihren ganzen Sachen trennen kann. Und davon gibt es viel bei einer Familie mit fünf Kindern, die inzwischen alle erwachsen sind.

Viel Gewicht darf auch das Tiny House nicht haben. Es ist Mitte Juni, und heute ist der große Tag, den wir miterleben dürfen: Das ganze Haus wird an einer Schiffswaage gewogen. Ein spannender Moment für Reinhard, denn nur wenn es weniger als 3,5 Tonnen wiegt, darf er mit dem Traktor sein Häuschen dahin ziehen, wo er wohnen will. Deshalb hat Reinhard extra das Rädergestell von einem alten Miststreuer als Unterbau montiert, damit sein Häuschen auch fahren kann. Dann kann er das Haus auf

Rädern überall hinstellen – zumindest stellt er sich das so vor. Doch diese Idee wird sich im Spätherbst als ziemlich naiv herausstellen.

Mit stabilen Gurten wird das Holzhaus am Haken des riesigen Flaschenzuges befestigt. Als es dann endlich ein paar Zentimeter vom Boden abhebt und leicht vor sich hin schaukelt, wandert Reinhards Blick nach oben auf das Wiegeergebnis.»2370 Kilo!«, nickt er stolz und offensichtlich erleichtert. »Fast so schwer wie unsere Zille, die wir in der Werft neu gebaut haben.« Und wie sein Lebenstraum da so baumelt, wird er romantisch: »Ich würde am liebsten gleich einziehen«, sagt der sonst eher wortkarge Bootsbauer mit einem leichten Seufzen. »Aber ich muss noch die Elektrik einbauen, und zum Schluss will ich innen die Wände noch mit Lehm verputzen.« Das klingt schon wieder wesentlich nüchterner.

In seinem Häuschen hat er alles selbst gebaut – am meisten befriedigt ihn aber die Idee, dass er mit dem Tiny House später kaum Boden verbrauchen wird. »Es ist doch unglaublich, wie viele Fußballplätze täglich an Fläche versiegelt werden«, empört Reinhard sich, während sein Tiny House langsam wieder nach unten schwebt. Wenn man ihn dann darauf hinweist, dass er selbst in einem Reihenhaus wohnt, antwortet er schnell: »Das ist ja das Problem! Es ist zu groß, ich will mit weniger Energie und weniger Besitz leben. Deswegen verschenke ich jetzt auch fast alle meine Bücher; vor ein paar Jahren hätte ich das nicht geschafft.«

Ein Tiny-Haus-Dorf – so wie Reinhard es sich vorstellt – gibt es in Deutschland erst seit Kurzem im Fichtelgebirge: Das »Tiny House Village« am Rande des Dorfes Mehlmeisel. Die beiden jungen Münchner Stefanie Beck und Philipp Sanders wollten nicht nur selbst ein Tiny House bauen und es bewohnen, sondern auch Platz für weitere Tiny Houses bieten. So kauften sie 2017 ein 17 000 Quadratmeter großes Areal, einen ehemaligen Campingplatz. Sie suchten lange nach einem geeigneten Terrain und fanden im abgelegenen Fichtelgebirge einen begeisterten Dorfbürgermeister, der interessiert aufhorchte, als er von ihrer Idee erfuhr. Gerade in strukturschwachen Gebieten wie dem Fichtelgebirge kämpft man verzweifelt gegen die Landflucht – und jetzt wollen tatsächlich junge Städter freiwillig dorthin ziehen, wo die Jungen sonst oft gleich nach dem Schulabschluss die Heimat für immer verlassen? Bürgermeister und Gemeinderat erkannten die Chance, die in diesem Projekt liegt, und erteilten die nötige Genehmigung, dass Tiny Houses auf dem Platz aufgestellt werden dürfen.

Ein Jahr später befinden sich dort schon 15 Tiny Houses und 18 Bewohner. Ende 2019 sollen hier voraussichtlich 35 kleine Häuser stehen und 50 Leute das »Tiny House Village« bereichern. Momentan ist der jüngste Bewohner ein Jahr alt, der älteste 70 Jahre. Die Tiny Houses sind meist selbst gebaut oder aber von kleinen Firmen hergestellt. Aber nicht nur Tiny Houses sind erwünscht, sondern auch Bauwagen oder Modulhäuser werden gern gesehen.

Alles läuft momentan gut für das junge Paar, das für diese Idee sein Studium und die gemeinsame Wohnung in München aufgegeben hat. Für den Kauf des Platzes haben sie sich hoch verschuldet. Aber ihr Businessplan scheint aufzugehen: Inzwischen haben sie schon fast alle Stellplätze vermietet, die fast 200 Euro monatlich für 100 Quadratmeter kosten.

Und die Hoffnung des Dorfbürgermeisters scheint sich zu erfüllen: Einige der Bewohner arbeiten bereits in der Gemeinde, demnächst besuchen mehrere »Tiny-House-Kinder« den örtlichen Kindergarten und die Schule. Das ist zwar nur ein Tropfen auf dem heißen Stein, aber immerhin ein Anfang. »Wir müssen versuchen, die Leute mit den Tiny Houses aus der Stadt rauszubringen«, meint Philipp bei unserem Telefonat. »Tiny Houses gehören in die entlegensten Orte, um das Land wieder zu stärken. Das Land ernährt uns, und wir sollten das unterstützen.« Selbst in der Großstadt aufgewachsen, gibt er Tiny Houses in Ballungszentren wenig Chancen. Auch er und seine Partnerin suchten anfangs einen Stellplatz am Stadtrand von München, aber die Preise dort waren horrend. »Wenn wir dann für einen Stellplatz 1000 Euro im Monat verlangen müssen, dann sind wir auch bei dem Mietwahnsinn in München angelangt«, resümiert er. In Städten können Tiny Houses aufgrund der Grundstückspreise also keine Lösung für die Wohnungsnot sein. Ein zehnstöckiges Hochhaus mit kleinen Appartements bietet natürlich wesentlich mehr Wohnraum auf viel weniger Grundfläche.

Auf dem Land wäre es hingegen schon möglich, dass Hunderte, vielleicht sogar Tausende Menschen in Tiny-Houses-Dörfern wohnen könnten, davon ist Philipp überzeugt. Denn immer weniger Menschen wollen nur arbeiten, um ihre Miete bezahlen zu können. In diesen speziellen Dörfern hingegen könnten sie günstig wohnen, dadurch mehr Freizeit haben, selbstbestimmt leben und sich in die Gemeinschaft einbringen. Genau solche Leute sind hier erwünscht, die gerne den Permakulturgarten, die Hühner und das Gemeinschaftshaus pflegen. »Tiny Houses bauen zu können ist das eine«, sagt Philipp, »aber Plätze zu finden, wo man sie aufstellen und gemeinsam dort leben kann, ist das andere.« Das junge Paar scheint den Nerv der Zeit getroffen zu haben: Mindestens einmal pro Woche, so berichtet Philipp, bekämen sie Anfragen von Leuten, die ein Tiny-House-Dorf gründen wollen.

Eine »alte« Form, in kleinen Häuschen zu leben und trotzdem eine Gemeinschaft zu bilden, sind die Wagenburgen. Ob »Stattpark Olga« in München oder »Zaffaraya« in der Nähe von Bern oder die »Laster- und Hängerburg« in Berlin-Friedrichshain – viele Wagendörfer entstanden Mitte der 80er-Jahre aus der Hausbesetzerszene heraus und sind bis heute Orte alternativer Kultur. Interessanterweise nennen sich einige solcher Wohnprojekte noch »Wagenburg« – das ist eine militärische Formation, die schon die wandernden Germanenstämme um 100 v. Chr. benutzten. Gerade die Völkerwanderungen fanden in Wagen statt, die bei Angriffen in Kreisen oder Vierecken angeordnet wurden. Das Ziel: eine optimale Verteidigung mit den zur Verfügung stehenden Mitteln.

In der Schlacht von Tachau im Jahr 1427 fuhren die Hussiten 3600 Wagen zu einer Wagenburg zusammen, um sich zu schützen. Und aus den alten amerikanischen Western kennen wir die spektakulären Szenen, in denen die »bösen« Indianer die »guten« weißen Siedler heimtückisch überfallen. Um 1800 waren viele Siedler in Planwagen vom Osten der USA unterwegs in den Westen, um noch mehr Land in Besitz zu nehmen. Die Überfälle der Indianer, die ihr Land verteidigten, überstanden sie in ihren Wagenburgen. Die Siedler stellten ihre Wagen im Kreis zusammen und versuchten so, dem Feind zu trotzen. Noch heute finden wir ab und zu den Ausdruck »Wagenburgmentalität« – ein ellenlanges Wort, das laut Duden die Mentalität einer Gemeinschaft bezeichnet, die sich von allen Seiten bedroht fühlt und deshalb völlig abkapselt.

Anfeindungen von außen kennen auch noch die heutigen Bewohner von Wagenburgen oder Wagenplätzen zur Genüge. Oft haben sie nur eine temporäre Genehmigung, ihre Behausungen aufzubauen – meist als Zwischennutzung. Gerade diese unfreiwillige Unstetigkeit ist es jedoch, die oft den Argwohn der Anwohner schürt. Auch dass diese Menschen bewusst aus der Konsumgesellschaft aussteigen und mobil leben wollen, erscheint höchst verdächtig. Meist sind die verschiedenen Wagen fantasievoll ausgebaut, heizen mit Holz, erzeugen Strom mit Solarzellen und sind relativ autark. Gegner hingegen kritisieren die hygienischen Zustände auf Wagenplätzen und fehlende Lösungen für Abwasser.

Vor ein paar Jahren habe ich den Münchener »Stattpark Olga« besucht und dort die junge Paula porträtiert. In einem alten gelben Postauto wohnte sie dort auf 7 Quadratmetern – der kleinste Wagen auf dem Terrain. Ihre Fenster hat sie selbst an den Stellen rausgeflext, wo sie sie haben wollte. Auch im Inneren hat die studierte Biologin alles alleine umgebaut. Die Utensilien in ihrer »Küche« – Handtuchstangen, Spülmittelhalter oder Körbchen für ihren Spülschwamm – hat sie liebevoll aus Draht oder Holz gefertigt. Die kleine, zierliche Frau mit dem fein geschnittenen Gesicht und der burschikosen Kleidung mit weiter Hose, Sweatshirt und kakigrüner Mütze hat hier ihre Heimat gefunden. »Der Wagen ist wie meine erweiterte Haut«, schwärmt sie. »Er sagt viel über mich aus. Ich bin nicht hier, weil ich finanzielle Probleme habe, sondern weil ich hier wohnen will.« Klein und gemütlich findet sie ihren alten, sehr engen Postwagen. Das ist keine Idylle für Weicheier, schon gar nicht im Hochwinter, wo ich in ihrem Wagen sitze.

Der Wagenplatz ist schmuddelig, matschig und nicht geteert. Will man Paulas Paketwagen betreten, muss man schon draußen in der Hundskälte die schmutzigen Schuhe ausziehen. Mehr als zwei oder drei Menschen haben hier sowieso keinen Platz. Das ist Paula aber egal, denn viel Zeit verbringt sie hier im Winter sowieso nicht, sondern im Gemeinschaftswagen. Etwa 25 Bewohner hat »Stattpark

Olga« heute, die sich einmal wöchentlich im Plenum treffen und dort zusammen Entscheidungen treffen. Ein Sanitär- und ein Werkstattwagen werden gemeinsam benutzt. Werkzeuge, ein Traktor und eine Bücherei stehen allen zur Verfügung. Oft bekommen die Bewohner auch Lebensmittel, altes Bauholz oder Kleider von Bekannten geschenkt. Auf einem »Umsonstregal« in ihrem gemeinschaftlichen Wohnzimmer sind viele dieser Sachen versammelt. »Ich bin genügsam«, hat Paula mir schon am Telefon erzählt. »Ich bin vor fünf Jahren mit fünf Kartons aus einer WG ausgezogen und habe noch ordentlich aussortiert. Hier muss ich mir genau überlegen, was ich behalte. Weil ich für jedes Ding auch Platz opfern muss«, schildert sie ihr Leben auf engstem Raum. Aber eigentlich – so erkennt sie – hat sie doch mehr Dinge als früher, weil sie viele Gemeinschaftssachen des Wagenparks nutzen kann.

Kleider kauft Paula gar nicht, sie bekommt alles geschenkt. Ihr Wasser muss sie in schweren 20-Liter-Kanistern von einer benachbarten Firma holen, die den »Stattpark« unterstützt. Mit einer Gasflasche kann Paula in ihrem Paketauto kochen. »Ich finde das gar nicht beschwerlich«, erzählt die junge Studentin, während sie mit einer Axt Kleinholz für den Ofen zurechthackt. »Ich finde es viel anstrengender, wenn ich am Ende des Monats nicht weiß, wie ich meine Miete bezahlen soll. Aber das würde hier nie passieren, weil wir viel zu sehr aufeinander aufpassen.«

Ihre Zeit im »Stattpark Olga« hat Paula beflügelt, nach ihrem Bachelor in Biologie noch etwas ganz anderes zu machen: Sie hat mit dem Studienfach »Soziale Arbeit« begonnen. Und sie möchte hier wohnen bleiben, denn »mir geht hier gar nichts ab, auch kein Komfort. Ich bekomme hier durch die Gemeinschaft viel mehr, als es in einer normalen Wohnung möglich wäre«, resümiert sie ihr Wagenparkleben.

Könnte so ähnlich auch ein Leben in einem Tiny-House-Dorf aussehen? Zurück zu Reinhard, dem Bootsbauer. Er möchte spätestens in zehn Jahren zusammen mit mehreren Leuten ein großes Grundstück pachten oder kaufen und dort in einer Gemeinschaft leben. Es ist ein Experiment mit dem Ziel, sich im Alter gegenseitig zu unterstützen. Vielleicht – so fantasiert Reinhard – könnte man sogar ein Tiny House für eine Altenpflegerin dazustellen. Ob das alles funktionieren wird? »Keine Ahnung, vielleicht werde ich nach fünf Jahren im Tiny House auch mein Haus wieder vermissen. Aber jetzt denke ich mir gerade, dass ich mein ganzes restliches Leben in einem kleinen Haus verbringen möchte.«

Alleine hat Reinhard in seinem Leben selten gewohnt. Aufgewachsen ist er mit drei Geschwistern in Oberbayern, sein Vater ist Chefredakteur einer Fotozeitschrift und produziert nebenbei Trickfilme. Schon als Jugendlicher hilft Reinhard beim Schneiden der Filme – wahrscheinlich rührt auch daher seine Begeisterung für Fotografie.

»Eigentlich wollte ich Restaurator werden«, erzählt er rückblickend. »Aber da gab es keine Lehrstellen, und so habe ich eine Ausbildung zum Bootsbauer gemacht. Ich hab ja sowieso schon meine halbe Kindheit am See verbracht.« Die Lehre in Starnberg gefällt ihm nach einer harten Anfangszeit, doch er will sich danach wieder verändern. Mit seiner damaligen Freundin und einem befreundeten Paar kauft er ein altes großes Schulhaus in der Nähe von Dinkelsbühl. Hunderte von Stunden investiert er in den Umbau dieses Hauses. In dieser Zeit kommen auch seine ersten drei Kinder auf die Welt. Es fehlt natürlich an Geld, und eine Stellenzusage vom Bayerischen Yacht-Club in Starnberg scheint der Volltreffer zu sein. Ein ordentliches Gehalt und eine günstige Wohnung im zweitältesten Haus des Ortes – was will man mehr. »Ich hatte keine drei Sekunden Freizeit am Tag«, erinnert sich Reinhard zurück. »Ich war zuständig für die Werkstatt, Reparaturen und Hausmeistertätigkeiten. Im Sommer war an den Wochenenden alles zugeparkt, und die Besucher wollten sogar bei uns auf die Toilette gehen«, empört er sich.

Eine harte Zeit. Denn inzwischen ist Reinhard getrennt und alleinerziehender Vater. Fast drei Jahre lang schafft er diesen Spagat zwischen Vollzeitvater und 24-Stunden-Hausmeister, bis er die Psychologiestudentin Petra kennenlernt. Es ist die große Liebe, und schon bald wird Petra schwanger. Als die Zwillinge auf die Welt kommen, steckt Petra gerade in einer Weiterbildung. Um sie zu entlasten, entscheidet sich Reinhard, in den Erziehungsurlaub zu gehen. Er reicht sein Gesuch beim Arbeitgeber ein, der ihm postwendend kündigt. Keine Arbeit, keine Wohnung – so stand Reinhard vor 20 Jahren da. Und wer vermietet schon Wohnraum an eine Familie mit fünf Kindern? In einer kleinen Kreisstadt in Oberbayern wurden sie schließlich fündig und bezogen ein kleines Reihenhaus. Und Arbeit? Diese Geschichte erzählt Reinhard nur zu gerne: »Ich stand zufällig am Starnberger See mit dem Wagen an einer Kreuzung. Da habe ich den Werftbesitzer gesehen und ihm zugewunken. Das ist so ein Original, einer, der nicht viel Worte macht. Ich hab ihn gefragt: ›Kann ich bei dir arbeiten?‹ Da hat er nur kurz auf Bairisch geantwortet: ›Ja, kummst halt.‹« Dieses Arbeitsverhältnis dauert jetzt schon über 21 Jahre.

In der Werft am Starnberger See baut Reinhard wunderschöne Boote jeglicher Art. Ob Kanus, Elektro- oder Ruderboote oder kleine Fahrgastschiffe wie die neue Zille, die die Besucher jetzt auf die Roseninsel mitten im See bringt. Alles exquisite Handarbeit. Entstanden in einem Arbeitsklima, das Reinhard schätzt. Wie könnte es auch anders sein bei dem eigenwilligen Chef, der als Lebensmotto die interessante Redewendung »Den Herrgott einen guten Mann sein lassen« gewählt hat. Unbekümmert seine Zeit verbringen, in den Tag hineinleben – das klingt gut.

An seinem freien Donnerstag treffe ich Reinhard wieder in seinem Reihenhaus. Niemand ist zu Hause, die Kinder sind inzwischen alle ausgezogen, seine Frau Petra arbeitet tagsüber als Kindertherapeutin. Es ist sehr ruhig für einen ehemals siebenköpfigen Haushalt. Aber dafür sind alle sieben Zimmer vollgestopft mit Büchern, Bildern, Kleidern und Möbeln. »Jedes Kind hat halt sein eigenes Zimmer gehabt«, erklärt Reinhard fast entschuldigend. Gerade erst sind die Jüngsten ausgezogen, um in anderen Städten zu studieren. Für Reinhard ist das ein erfreulicher Lebensabschnitt, seiner Frau Petra fällt das Loslassen schwerer.

Heute sitzt Reinhard, der seine Lesebrille lässig in die grauen Haare hochgeschoben hat, in einem kleinen Zimmer, das bis oben voll ist mit Büchern. Es ist sein Bücherzimmer, in dem er auch ab und zu schläft, wenn seine Frau der Meinung ist, dass er zu laut schnarcht. Reinhard ist ein leidenschaftlicher Krimileser. Doch je mehr sein Tiny House in der Werkstatt wächst, desto dringlicher will er Platz schaffen auf seinen Regalen und Bücher aussortieren. »Es kommt ganz selten vor, dass ich ein Buch noch mal lese«, sagt er und blättert in seinen skandinavischen Thrillern. »Inzwischen lese ich sowieso viel auf E-Book-Readern, das braucht nicht so viel Papier«, stellt er nüchtern fest. Er blättert noch einmal kurz in den Büchern, die ihm viele schöne entspannte Stunden verschafft haben, und stellt sie dann in eine große Holzkiste. All diese Bücher werden ihn künftig nicht mehr begleiten.

Die einzigen, die bleiben dürfen, sind die Lyrikbände. Die nimmt Reinhard immer wieder in die Hand und liest die Gedichte auch mehrfach: »Gedichte versteht man ja oft nicht sofort, da will ich schon ab und zu reinschauen – die müssen mit in mein Tiny House.«

Reinhard ist kein Büchersammler. Er hält es auch nicht mit dem deutschen Philosophen Walter Benjamin, der sagte: »Für den Büchersammler ist nämlich die wahre Freiheit aller Bücher irgendwo auf seinen Regalen.« Ein Sammler ist jemand – so spinnt Benjamin den Faden weiter – der sich ganze Städte erschließt auf der Jagd nach seinem Sammelobjekt. Durch den Kauf geht das Ding in seinen Besitz über und wird wie eine Jagdtrophäe nach Hause gebracht. Von nun an trägt das Buch den Stempel des Sammlers im übertragenen Sinne. Es gehört jetzt zu der Welt seines Besitzers und bekommt dort eine neue Bedeutung, einen neuen Stellenwert. Durch das Sammeln schafft der Jäger und Käufer ein völlig einzigartiges Gebilde, mit dem er seine Persönlichkeit ausdrückt. Der Sammler selbst »wohnt« jetzt in den Objekten, so erklärte Walter Benjamin. Kein Wunder also, dass viele Sammlungen mit dem Tod des Besitzers aufgelöst werden. Denn in dem Moment, wo das Subjekt verloren geht, das alles zusammenhält und mit Bedeutung auflädt, verliert eine Sammlung ihren Sinn.

Ein herausragendes Beispiel dafür ist der englische Baron Sir Thomas Phillipps, der 1792 in Manchester geboren wurde. Mit seiner Sammelleidenschaft brachte er seine Familie an den Rand des Ruins. Mit 40 000 gedruckten Büchern und 60 000 Manuskripten gilt seine Sammlung als eine der größten, die je geschaffen wurden. Sir Thomas war besessen von jenem Jagdtrieb, den man heute als »Bibliomanie« bezeichnet. Bereits im Alter von sechs Jahren soll er 110 Bücher besessen haben, und sein Ziel war schon damals, von jedem Buch auf der Welt ein Exemplar zu besitzen. Besonders interessierten ihn Bücher oder Manuskripte, die auf Pergament (lateinisch: vellum) geschrieben waren. Selbst bezeichnete er sich als *»vellomaniac«*, und so entwickelte sich sein Landsitz Middle Hill in Worcestershire langsam zu einer gigantischen Bibliothek. Mehr als 16 Zimmer soll er dort bis unter die Decke mit Büchern gefüllt haben.

Sir Frederic Madden, Bibliothekar im British Museum, berichtete nach einem Besuch bei Phillipps entgeistert: »Niemals habe ich so ein Durcheinander gesehen! Jeder Raum ist mit einem Haufen Papier, Manuskripten, Paketen und anderen Dingen angefüllt. Alles liegt in Stapeln auf dem Boden. In jedem Zimmer sind die Tische, Betten, Stühle voll mit Büchern – bis zur Decke hinauf. Es ist wirklich ein Beinhaus der Literatur!«

1863 verlegte Phillipps – ein Mann mit angeblich schwierigem Charakter – seine Sammlung, da er im Falle seines Todes befürchtete, dass sein Schwiegersohn sie verkaufen würde. 105 Wagen voller Bücher wurden in das neue Zuhause, nach Thirlestaine House gebracht. 160 Männer und 230 Pferde waren von Juli 1863 bis März 1864, also neun Monate lang, damit beschäftigt. Hier verbrachte Phillipps den Rest seines Lebens inmitten seiner Schätze. Der

Plan, seine Sammlung der britischen Nation zu vermachen, scheiterte allerdings. Seine Briefe an den damaligen Schatzkanzler Disraeli, in denen er eine Schenkung anbietet, liefen ins Leere. Nach seinem Tod 1872 wurde die »Bibliotheca Phillippica« Stück für Stück aufgelöst und an Bibliotheken in ganz Europa verkauft. Der Albtraum für jeden Sammler.

Vier Monate später – im Oktober – treffe ich Reinhard wieder vor seinem kleinen Reihenhaus. Es ist ein strahlend schöner Herbsttag mit geradezu sommerlichen Temperaturen und einem ultrablauen Föhnhimmel. Sorgfältig bindet Reinhard eine alte Weichholzkommode, ein paar Stühle und eine Matratze auf dem Anhänger fest. Ein paar Kisten mit Geschirr und Werkzeug stellt er auf die Rückbank seines Kombis. Ein aufregender Tag: Heute will er sein Tiny House so einrichten, dass er darin übernachten kann. Inzwischen hat er sein Häuschen aus Holz fast fertig gebaut – nur noch das Bad fehlt. Und das Wichtigste: Nach monatelanger Suche hat er endlich ein schönes Grundstück gepachtet. Eine große Wiese am Rande eines kleinen Dorfes, überwuchert mit Brennnesseln, aber mit einem traumhaften Blick auf die Voralpen. Dorthin hat er am Tag zuvor mit Unterstützung von Freunden sein selbst gebautes Tiny House mit dem Gewicht von fast zweieinhalb Tonnen auf einem Anhänger gezogen. Ein waghalsiges Unternehmen, weil nur ein kleiner Weg auf die Wiese führt und dort auch endet. So kann man zum Abladen nur rückwärts reinfahren, weil sonst das Zugfahrzeug nicht mehr rauskommt. Bei dem holprigen Weg und den vielen Hecken kein leichtes Unterfangen. Doch spätabends gegen zehn Uhr erreicht mich über Handy eine Botschaft: »Hallo, Julia, guten Abend … der Wagen steht!! War aufregend, aber alles gut … bis morgen!!« Das kleine Haus steht endlich auf seinem Platz, ohne großen Schaden beim Transport genommen zu haben.

Und jetzt fahren wir beladen mit dem Nötigsten gemeinsam durch die wunderschöne herbstliche Landschaft zu dem Ort, von dem Reinhard immer geträumt hat. Beim Autofahren erzählt mir der feinsinnige Bootsbauer, wie schwer es war, diesen Platz zu finden. »Am Anfang war ich ganz naiv. Ich hab gedacht, ich baue ein Haus mit Rädern, das kann ich überall hinstellen. Aber das geht so natürlich nicht. Dann habe ich ziemlich lange gesucht, in der Zeitung, über Makler, über das Internet.« Die Suche war lang und lehrreich: Sogar einen Termin mit der Bürgermeisterin und einem Vertreter des Bauamtes der benachbarten Gemeinde hat Reinhard deswegen absolviert. »Der Mensch vom Bauamt hat gesagt, es gibt keine Chance, in einem Tiny House zu wohnen. Weder im innerörtlichen Bereich noch außerhalb der Baugrenzen« – das war die erste deprimierende Nachricht für Reinhard.

Aber wo darf denn ein Tiny House überhaupt stehen? In Utting am Ammersee hat der Architekt Christoph Krümpelmann sein Büro in einem gepflegten Vollholzbauwagen eingerichtet. Den Bauwagen hat er am Rande seines Gartens aufgestellt, gut sichtbar für alle Passanten. Seitdem hat der dreifache Vater viele Anfragen erhalten zum Thema »Wohnen im Bauwagen«. Er selbst wohnt mit seiner Familie in einem großen Haus, aber sein Büro ist gefüllt mit Büchern über »Kleine Häuser« und »Tiny Houses«. »Ich brauchte einfach Ruhe, die Kinder waren mir beim Arbeiten zu laut«, erzählt er in dem kleinen gemütlichen Raum. Als Architekt kennt er sich gut aus mit dem Baurecht und den Hürden für alternative Wohnformen.

Das größte Gerücht, so meint er, ist der sogenannte »genehmigungsfreie fliegende Bau«. Diesem Gerücht ist auch Reinhard aufgesessen: Viele meinen, dass ein Tiny House auf Rädern nicht dem Baurecht unterliegt, weil es jederzeit wieder weggezogen werden kann. »Fliegende Bauten« werden ja auch ähnlich definiert: Sie sind eine Art mobile Architektur, die wiederholt auf- und abgebaut und an unterschiedlichen Orten aufgestellt werden kann. Aber normalerweise handelt es sich dabei um Riesenräder, Karusselle, Achterbahnen, Zelthallen, Kletterwände oder Tribünen. Wohnmobile, Bauwagen oder Tiny Houses fallen nicht darunter, und deswegen führt kein Weg an einem Bauantrag vorbei, wenn man permanent in kleinen Behausungen wohnen will.

Viele Interessierte träumen von einem autarken Wohnen mitten in der Natur. Einsam, versteckt – am Waldesrand, neben einer schönen Wiese. Mit Komposttoilette, Solarzellen auf dem Dach, Gasflaschen und großen Wasserkanistern. Aber egal wie klein ein Tiny House ist, es ist in jedem Fall genehmigungspflichtig. Und das ist im gewissen Rahmen auch gut so: Denn wenn Hunderte Menschen mit ihrem Häuschen mitten in der Natur leben wollen, wo bleibt dann der Platz für eine ungestörte Wildnis? Ein Raum für Tiere und Pflanzen, wo der Mensch nur temporär und beschränkt Zugang hat? Und wie passt der Gedanke des kleinen ökologischen Fußabdrucks und der Nachhaltigkeit zu Hunderten von Tiny Houses, die am Waldrand oder neben geschützten Wiesen stehen?

Erlaubt ist das sowieso nicht: Gerade im Außenbereich eines Ortes darf niemand dauerhaft wohnen. Selbst das kleinste Gebäude muss in Deutschland an das Wegenetz und an Wasser, Gas, Strom und Kanalisation angeschlossen sein. Egal ob man ein Tiny House in einem Wohngebiet mit Bebauungsplan (meist Neubaugebiete) oder in einem Wohngebiet ohne Bebauungsplan (Baulücken in bereits bebautem Gebiet) aufstellen möchte, um eine Baugenehmigung kommt man nicht herum. Einfacher ist es da, den Wagen auf einem Campingplatz aufzustellen. Aber viele verspüren nicht den geringsten Wunsch, ihr Liebhaberstück aus Holz inmitten einer monotonen Plastikwüste zu platzieren.

Noch eine Chance wäre es, wenn sich Städte und Gemeinden trauen würden, im Rahmen ihres Bebauungsplanes Wagenplätze zuzulassen. Viele Gemeinden legen jedoch großen Wert darauf, dass das Ortsbild intakt bleibt. Die Offenheit gegenüber alternativen Wohnformen ist noch wenig ausgeprägt. Aber damit schneiden sich die Gemeinden ins eigene Fleisch – so sieht es zumindest Christoph Krümpelmann. Gerade in Gegenden, die gegen die Landflucht und die daraus entstandene schlechte demografische Entwicklung kämpfen müssen, seien solche Wagenplätze eine gute Idee. Sie würden junge Leute in die überalterten Märkte und Dörfer bringen und der Gemeinde als Verpächter gleichzeitig eine neue Einnahmequelle verschaffen. Auch der Betreiber von solchen Wagenplätzen könne eine attraktive Rendite erzielen. Anhand eines 1200 Quadratmeter großen Grundstücks rechnet der Architekt zwei Verwendungsmöglichkeiten durch mit der Fragestellung: Was ist billiger – das Grundstück maximal mit einem Mehrfamilienhaus zu verbauen oder dort Stellplätze für etwa acht Tiny Houses zu vermieten? Das Resultat ist erstaunlich: Wenn jeder Tiny-House-Bewohner 200 Euro Pacht pro Wagen bezahlt, dann könnte der Wagenplatz tatsächlich eine höhere Rendite abwerfen. Die Investitionskosten für eine Bebauung sind eben wesentlich höher, vor allem, wenn das Bauland teuer ist.

Seit Jahren recherchiere ich nun schon als Journalistin über das Thema »Minihäuser« oder »Tiny Houses«. Mein Eindruck ist: Es wird wesentlich mehr geredet und fantasiert als tatsächlich umgesetzt. Konkrete Projekte gibt es noch relativ wenig. Das mag auch dem strengen Baurecht in Deutschland geschuldet sein. In Deutschland dürfte

Reinhards Tiny House deshalb immer noch Seltenheitswert haben.

Es ist sein erstes selbst gebautes Häuschen, in dem er zusammen mit seiner Frau Petra erst mal »probewohnen« will. Dafür passt das Grundstück, das er nach langer Suche nun endlich gefunden hat und das als Freizeitgrund ausgewiesen ist. Hier darf er ab und zu übernachten, ein Wochenende oder auch die Ferien hier verbringen. Mehr aber auch nicht.

Als Reinhard im September das Grundstück zum ersten Mal besichtigt, eine mit Brennnesseln übersäte Wiese, kennt er es bereits: Diese unscheinbare Wiese schaut genauso aus wie die knallgrüne Wiese aus seinem Ölbild, seinem Traumbild. Das Gemälde, das ihn in seinem Wohnzimmer immer daran erinnert hat, wohin seine Reise geht: in ein bescheidenes Wohnen mitten in der Natur. Ein fast abstraktes Bild, so wenig Komponenten hat die Malerin benutzt. Ein Haus, ein Baum, eine Wiese, ein Hügel, ein Kamin. Das ist alles.

Und wie sich alles manchmal wie von selbst entwickelt, einfach weil es für den jeweiligen Lebensentwurf »stimmig« ist, hat Reinhard dieses Traumbild wirklich zum Leben erweckt. »Ich konnte es gar nicht glauben«, erzählt er, während er es in seiner künftigen »Küche« an die Wand nagelt. »Dass das genauso hier ausschaut wie auf dem Bild. Eigentlich brauche ich das Bild hier überhaupt nicht mehr«, stellt er erstaunt fest, als er es an den Nagel hängt. Er überlegt, geht einen Moment in sich. »Mein Traum ist in Erfüllung gegangen, aber ich finde es trotzdem schön.« Das Bild bleibt also hängen.

Ganz fertig ist sein Refugium noch nicht: Es fehlt ein Oberlichtfenster und ein Bad. In der alten Weichholzkommode möchte er das Spülbecken einbauen. Für Wasser und Abwasser muss er zwei große Tanks kaufen, und ein Ofen für den Winter wäre auch gut. Ebenso eine Markise vor dem Wagen, denn heute brennt die Sonne nachmittags schon fast unangenehm herein, und es ist ziemlich heiß. Und das im Oktober.

Aber gemach, gemach: Reinhard hat bis jetzt alle Baumaterialien gebraucht gekauft. Wenn er neue Materialien benutzt hätte, wäre alles wesentlich teurer geworden. So hat er insgesamt nur 4000 Euro ausgegeben. Der Nachteil: Reinhard kann nur weiterbauen, wenn er im Internet oder in Anzeigenblättern fündig wird. Sein Haus fällt unter die Kategorie »Work in Progress«, und deshalb gibt es auch weder einen Fertigstellungs- noch einen Einzugstermin. So wie dieses Haus auch nie im Grundbuch zu finden sein wird. Und wenn Reinhard auch noch das Dach begrünt, »dann kannst du es nicht mal in Google Earth finden«, sagt er stolz.

Es ist ein Anfang, der noch weit entfernt ist vom Aufgeben des großen Wohnhauses, dem durchgängigen Wohnen in einem Tiny House oder gar der Tiny-House-Gemeinschaft. Aber in Anfängen liegt ja bekanntlich auch ein Zauber: Und wie Reinhard sich hier das erste Glas Rotwein einschenkt, sich vor der geöffneten Wagentür hinsetzt und still die Abenddämmerung genießt – das ist schon fast ein bisschen kitschig. »Wunderbar«, sagt er. »Ich sitze hier in einem selbst gebauten Haus – wenn es auch klein ist –, sehe die ganze Alpenkette, es ist hervorragendes Wetter an einem der schönsten Plätze in Deutschland und Europa – das ist genau das Richtige für den ersten Tag im Tiny House, besser könnte es nicht sein«, schließt er seine Kette der Superlative ab.

Er hat hier seinen Platz gefunden, seine Wohnform für den nächsten Lebensabschnitt. Nach einer Kindheit im Jugendstilhaus, Familiengründung in einem alten Schulhaus, als alleinerziehender Vater in einer Hausmeisterwohnung bis zu dem Reihenhaus in einer oberbayerischen Stadt – mit seinen 60 Jahren hat der sensible Mann schon in vielen Räumen und Häusern gewohnt. In seinem Gedicht »wie wir wohnen« hat er darüber nachgedacht, wie vergänglich Wohnen und Wohnformen sein können:

*wie wir wohnen*

*es soll ein großes haus sein*
*aus stein und glas*

*es soll ein weißes zelt sein*
*geräumig und rund*

*es soll eine kleine hütte sein*
*hölzern in hohem gras*

*es soll eine schöne muschel sein*
*wie die am meeresgrund*

*es soll ein starker wagen sein*
*auf rädern zum reisen*

*es soll ein weiches nest sein*
*wie im geäst einer rose*

*es soll ein vielstöckiges hochhaus sein*
*aus beton und eisen*

*es wird eine einfache holzkiste sein*
*vielleicht eine metallene dose*

*ich möchte einmal in alle winde …*

# MICHAEL – EREMIT AUF ZEIT

## 25 m$^2$, Scheune

Mit dem Auto kommt man nicht zu Michael. Irgendwo auf der Landstraße mit dem wunderschönen Ausblick auf die oberbayerische Moränenlandschaft rund um den Ammersee ist einfach Schluss. Sackgasse. Vom Wald verschluckt, befindet man sich im Nirgendwo – ohne Orts- oder Straßenschilder. Hier beginnt Michaels Reich. Ein stilles Reich, in dem man meist nur das sanfte Rauschen der hohen Bäume hört.

Ein kleiner abfallender Weg führt zu einer im Wald versteckten riesigen Lichtung. Eineinhalb Hektar groß, umrahmt von alten Fichten, Tannen und Laubbäumen. Mitten auf dieser Wiese steht Michaels Zuhause, eine kleine Scheune, ganz aus Holz. Nie würde man vermuten, dass hier ein Mensch lebt. So versteckt und alleine. Aber Michael, ein hochgewachsener Mann in den Fünfzigern, hat viele Fragen an das Leben. Und hier findet er auf die meisten von ihnen Antworten, die ihn weiterbringen. *Warum brauchen wir Geld? Warum essen wir Fleisch? Wie lebt man ohne Uhren?* Solche Fragen sind es, die ihn genau an diesen Ort gebracht haben.

Wenn der Schnee geschmolzen ist und die Sonne langsam wieder wärmt, dann gibt Michael sein Winterquartier in einem der Dörfer rund um den Ammersee wieder auf. Meist ist es ein WG-Zimmer oder eine Ferienwohnung, die im Winter leer steht. Seit vielen Jahren macht er dann wieder den Sprung zurück an *seinen* Ort, wo manches unangenehm und unbequem ist. Aber es ist auch ein Ort, wo der Bach mit seinem beständigen Rauschen ihm Ruhe gibt. Dann kann Michael den Weg wieder klarer sehen, den er weitergehen möchte. Das Tosen in seinem Kopf, die vielen Gedanken, das Chaos in seinen Nervenbahnen – all das lässt langsam nach.

Vor Jahren habe ich ihn schon einmal im April besucht, kurz nachdem er in seine Scheune eingezogen war. Nur mit ein paar Kisten – das ist alles, was Michael besitzt. Neben einem leeren Bankkonto. »Die warme Dusche und die Heizung fehlten mir am Anfang«, hat er mir damals berichtet. Dennoch ist er völlig nackt in den kleinen Bach neben der Scheune gestiegen, um sich morgens zu waschen. Ohne Scham, fröhlich. Bei einer Wassertemperatur von höchstens fünf Grad eine beachtliche Leistung. »Komfort macht faul und träge. Fernsehen, Internet, Telefon – alles lenkt ab«, war seine Überzeugung.

Aber wovon? Das kann wahrscheinlich niemand beantworten, der nicht einmal länger so gelebt hat wie er. Ohne Bad, Toilette, ohne Strom und Heizung. Auch ohne

Handyempfang – abgeschnitten von der übrigen Welt. Wenn Michael telefonieren oder angerufen werden will, muss er erst mal zwei Kilometer aus dem Wald herauslaufen. Das macht er ungefähr einmal am Tag, um in Verbindung mit der Welt zu bleiben, mit seinen Freunden, seiner Mutter und seinen Kindern, die 19 und 22 Jahre alt sind.

Im Frühjahr blüht seine große Wiese besonders bunt und ist voll mit Schlüsselblumen und Löwenzahn, Gänseblümchen und Gundermann. Dieses Grundstück hatte einst sein Vater gepachtet – auch auf der Suche nach Einsamkeit inmitten der Natur. Jetzt lebt Michael hier, so lange er will. Und er will, denn was gibt es Schöneres, als den morgendlichen Anblick einer blumenübersäten wilden Wiese? Meist legt dieser empfindsame Romantiker sich dann nackt in das farbenfrohe Kunstwerk und atmet ganz bewusst, sehr tief. Ein und aus. Ein und aus.

Wer ihn wirklich verstehen will, sollte den Erzählungen aus seiner Kindheit zuhören. Aufgewachsen ist Michael mit seiner Schwester in einem der ärmsten Viertel in München. Der Vater, mit schweren Verletzungen aus dem Krieg heimgekehrt, arbeitete als Techniker, die Mutter als Sekretärin. »Ich bin in einem der ersten Hochhäuser in München groß geworden«, sagt Michael, und seine Stimme klingt melancholisch. Vielleicht weil es so skurril ist – der Gegensatz zwischen seiner Kindheit und seinem jetzigen Leben. »Es war wahnsinnig beengend und bedrückend«, erinnert er sich. Der Fahrstuhl, die kleinen Räume, die hohen, tristen Häuser. Der Beton, die Monotonie, die

Anonymität. Eine Flucht aus dieser grauen Welt bietet eine kleine Hütte am Attersee in Österreich, wo die vierköpfige Familie Urlaub macht, so oft es ihnen möglich ist. »Das war eine Almhütte ohne Strom, geheizt wurde nur mit Holz – einfach magisch«, erinnert Michael sich gerne zurück. Dieses hölzerne Häuschen, das der Vater gemietet hat, bedeutet für den schüchternen Jungen Freisein, Schwimmen, Mähen mit der Sense, glückliche Eltern und tiefer, entspannter Schlaf in der Nacht.

Das Glück liegt in der Natur, das lernt Michael schon damals. Dennoch schlägt er nach der Mittleren Reife einen ganz anderen Weg ein. Der führt ihn in die feinsten Hotels der Welt. Er macht eine Lehre zum Hotelkaufmann und verlässt die Trabantenstadt. Vom tristen Arbeiterviertel kommt er in die glitzernde Welt vom Hotel Vier Jahreszeiten in der Münchner Maximilianstraße, wo Sophia Loren, Elton John oder Romy Schneider übernachteten. Was für ein gewaltiger Sprung. Was für ein Kulturschock! Mehr als zehn Jahre lang arbeitet er in den besten Hotels in New York, St. Moritz, Paris und genießt das Leben zwischen Champagner und Kaviar – allerdings immer in der dritten Reihe. Ein irrsinniges Leben, magisch und abstoßend zugleich.

An diesem sonnigen Vormittag sitzt Michael mit seiner kleinen Teekanne aus Ton mitten in der Wiese und pflückt Schlüsselblumen und Löwenzahn für seinen Morgentee. Blüte für Blüte. Im Frühling ernährt er sich vor allem von Wildpflanzen, seinem kostenlosen Supermarkt direkt vor der Scheunentür. Einen Löwenzahn steckt er sogar demonstrativ gleich in den Mund. Als wäre das ganz normal. »Möchtest du auch einen?«, fragt er mich mit einem Augenzwinkern. Nein, ich möchte keine große Löwenzahnblüte auf leeren Magen essen. Das ist mir alles zu fremd, zu weit weg. Auch seine Behauptung, dass er seine Gelüste nach Schweinebraten und Schokolade komplett mit dem Essen von Wildkräutern stillen könne, erscheint mir kühn. Und er formuliert es noch extremer: »Wenn ich Hunger habe, dann versuche ich es erst mal mit Wildpflanzen.«

Hunger, ja, er hat tatsächlich Hunger gesagt. Er hat hier nicht etwa Appetit auf etwas Spezielles oder möchte einfach nur irgendetwas Leckeres essen – nein, Michael hat hier in der Scheune manchmal richtig Hunger. Wie absurd in einer Gesellschaft, in der es jedem Einzelnen möglich ist, jederzeit an Lebensmittel zu kommen, und zwar zu niedrigsten Preisen. Aber genau das will der kompromisslose Einzelgänger nicht – das Unüberlegte, das Gewohnte. Für ihn ist es wichtig, jede Erfahrung ganz bewusst zu erleben. Kein schnelles Hinwegwischen über elementare Gefühle wie Hunger, Einsamkeit, Krankheit, Traurigkeit – sondern viel mehr das Hinsetzen, Abwarten, Hinspüren und Ertragen lernen. Und sich in Gottvertrauen üben.

Irgendwann also hat Michael sein extravagantes Hotelleben nicht mehr ertragen. »Wenn du an sechs Tagen in der Woche mehr als zehn Stunden arbeitest, nur damit du einen Tag freihast«, seufzt er, »dann ist das pervers.« Deshalb stellt er nach der Geburt seiner Tochter Vanessa im Jahr 1995 den Leistungsschalter auf »Aus«. Als Hausmann und Vater spürt er seine neue Bestimmung: eine Ausbildung zum Erzieher. Es ist die richtige Entscheidung, genauso wie die für sein zweites Kind, das im Jahr 1999 als Hausgeburt auf die Welt kommt. Michael wird sesshaft und geht in sich: Meditation, Entspannungsübungen, Selbsterfahrung – er versucht immer wieder, tief in sich hineinzuschauen. Die Trennung von der Mutter der Kinder bringt zwar viel Schmerz, bietet ihm aber gleichzeitig auch die Chance, sich weiterzuentwickeln.

Seit 2010 verbringt Michael die meiste Zeit des Jahres in der einsamen Scheune als eine Art »Teilzeit-Eremit«. Das Eremitentum ist eine uralte Lebensform. Die ersten Eremiten tauchten im 3. Jahrhundert nach Christus auf, die sogenannten »Wüstenväter«. Sie waren Christen, die in die Einsamkeit der Wüste von Ägypten oder Syrien flohen – auf der Suche nach dem inneren Frieden, den sie Hesychia nannten. Einer der berühmtesten Wüstenväter Abba Moses riet seinen Schülern damals: »Geht in eure Hütten und setzt euch nieder. Eure Hütten werden euch alles lehren.« In der Kirche ist das Eremitentum heute wieder hoch angesehen: Durch den »Eremitencanon« im Kirchenrecht, Canon 603 Codex Juris Canonici, wurde 1983 zum ersten Mal in der Geschichte des katholischen Kirchenrechts das eremitische Leben als ein »Gott geweihtes Leben« anerkannt.

Weniger religiös besetzt ist das Wort »Einsiedler«. Es leitet sich aus dem mittelhochdeutschen Wort »einsidelære« her, was so viel heißt wie »alleine leben«. Ein Einsiedler ist jemand, der an einem einsamen Ort bewusst zurückgezogen lebt. Genau das möchte Michael, der gerade in seinem Korbstuhl vor seiner Scheune sitzt und die milde Sonne genießt. Langsam trinkt er Schluck für Schluck seinen Tee, den er aus Kräutern von seiner Wiese zubereitet hat.

Meistens ist er hier alleine, das ist ja auch sein Ziel. Aber ab und zu kommen ihn seine Kinder, Freunde oder andere Bekannte besuchen. Manchmal, so erzählt er, habe er schon Angst, einfach so zu verschwinden in dieser großen Weite. Vergessen zu werden in dieser Welt. Ein winziger unauffindbarer Punkt zu sein irgendwo inmitten der riesigen Bäume. Dann sitzt er stundenlang nur auf diesem Stuhl, den er auch mal mitten in die große Wiese stellt, um ganz ruhig zu werden. Keiner kann ihn erreichen und niemand wird ihn finden, der ihn nicht kennt.

In seiner gemütlichen kleinen Scheune hat er seine wenigen Besitztümer untergebracht. Er erzählt mir eine Geschichte vom Loslassen: »Früher hatte ich dreißig Kartons Bücher und sechshundert Schallplatten. Jetzt hab ich nur noch zwei Kartons und gar keine Schallplatten mehr. Auch Geld brauche ich immer weniger – manchmal reichen mir 300 Euro im Monat. Und wenn ich kein Geld mehr habe, dann gibt es eben keinen Wein, Kaffee oder Tabak.« Er bindet sich den Schal etwas fester um den

Hals, weil der anfangs nur leichte Wind langsam stärker wird. Wie er so dasitzt, wirkt er in sich gekehrt und dennoch heiter. Er hört dem Rauschen des Baches zu, dem leisen Zirpen der Grillen, den feinen Vogelstimmen. Keiner will hier was von ihm – weil er geschafft hat, in vielen Bereichen frei zu sein. Michael lebt bewusst mit wenig Geld, isst kein Fleisch, trägt keine Uhr und besitzt noch nicht mal einen Personalausweis. Allerdings hat er einen grünen Reisepass und obendrein noch einen etwas eigenartigen keltisch-druidischen Ausweis, ausgestellt von einer Glaubensgemeinschaft, die sich gegen Impfen, Organspenden und Zwangsabgaben wie Rundfunkbeiträge wehrt. Ein irres Dokument, das auf den ersten Blick fast wie ein normaler Personalausweis aussieht. Bei Michael ist allerdings generell nicht so viel genormt, doch hier in dieser Scheune stört er niemanden mit seiner Art zu leben.

Manchmal ist es für mich schwierig, Michaels Gedankengängen zu folgen. Da kommt viel Spirituelles, eine große Verehrung für einen Swami, einen Lehrmeister aus Mauritius, bis hin zur Friedensverfassung für Deutschland, die Michael selbst geschrieben und im Bundestag eingereicht hat. Der Scheunenmann galoppiert in dieser einsamen Beschaulichkeit durch viele Philosophien, Heilansätze, therapeutische Ideen. Ein Spinner? Der eine oder andere würde ihn sicher belächeln oder verspotten. Vielleicht sogar manchmal genervt die Augen verdrehen. Doch ich habe großen Respekt vor seiner extremen Konsequenz: Denn wer macht sich schon die Mühe, sein Trinkwasser mit dem Fahrrad von der mehrere Kilometer entfernten Quelle zu holen? Auf fast jeglichen Komfort zu verzichten und an nassen, kühlen Tagen einfach zu frieren? Eine fast unbeheizbare Holzhütte als sein Zuhause auszuwählen?

Ab und zu empfindet Michael dieses Leben aber auch selbst als Zumutung: »Wenn es matschig und kalt ist oder Mücken, Bremsen, Hornissen und Wespen in Massen unterwegs sind, dann würde ich manchmal schon gerne in den Süden fliegen und mich an den Strand legen. Was mich am meisten nervt, sind die Mäuse. Die sind hier überall. Das Schlimmste ist, wenn sie in der Nacht über mein Gesicht laufen. Dann rede ich mit ihnen und sage, dass sie leise sein sollen und dass ich schlafen will. Und das hat gewirkt: Seitdem ich mit ihnen gesprochen habe, bleiben sie unter den Bodenbrettern und lassen meinen Schlafplatz oben ohne ihre Mäusekacke.«

Meist räumt Michael seine Scheune Ende Oktober, weil es ihm dann zu kalt und zu feucht wird. Auch in diesem Jahr waren die letzten Tage regnerisch und kühl, da hilft auch der dickste Schlafsack nicht mehr. Am letzten Tag, bevor Michael sein Einsiedlerquartier verlässt, besuche ich ihn noch einmal zusammen mit meinem Fotografen Stefan. Michael bietet uns Tee an aus getrockneten Kräutern, Blättern und Blüten, die er während der letzten Monate gesammelt hat. Über das Gebäck und den köstlichen Mohnkuchen, den wir beim Bäcker gekauft haben, freut er sich sichtlich. Ja, gestern Nacht habe er wieder Hunger gehabt, berichtet er. Aber sein Geldbeutel ist leer, schon vorgestern hat er die letzten zwei Euro ausgegeben.

Vergnügt isst er den mitgebrachten Kuchen, schwärmt von seinem köstlichen Kräutertee. Und verschmäht sogar die Flasche Obstler nicht, den ich ihm als Geschenk überreicht habe. Für die kalten Nächte. Wir rauchen seine selbst gedrehten Zigaretten und meine hellen Sumatra-Zigarillos. Und trinken Schnaps mittags vor seiner Scheune. Wir reden, reden, reden. So viele Sätze sind hier lange schon nicht mehr gefallen. Naturgemäß wäre Michael auch ein prima Schweiger, aber keinem von uns ist gerade danach.

Heute freut er sich auf sein WG-Zimmer, das er morgen beziehen wird. »Dann mache ich erst mal nichts, schlafe, entspanne, gehe in die heiße Badewanne«, das ist sein Plan. Seine »Scheunen-Saison« beendet er für dieses Jahr. Diesen Zeitpunkt bestimmt nur er ganz allein. Keiner nötigt ihn dazu. Wenn er das Gefühl von »Frischheit«, wie er es nennt, in der Natur nicht mehr angenehm findet, wenn es zu beschwerlich wird, dann verlässt er diesen magischen Platz.

Aus alten Kaffeetassen trinken wir den milden Obstler. Die Stimmung ist heiter. Wie auf einer kleinen Abschiedsparty. Der Scheunenmann feiert den letzten Tag in seiner Hütte – schön, aber auch manchmal beschwerlich war es. Nach Hause fahre ich dann mit einer Zigarilloschachtel, die Michael fantasievoll beklebt hat. Über den Spruch »Rauchen ist tödlich« schwenkt jetzt eine Flamencotänzerin ihr Röckchen, und die Warnung »Kinder von Rauchern werden auch zu Rauchern« überdeckt jetzt ein Bild vom Münchner Königsplatz. Das alles hat Michael in seiner Hütte mit der Schere aus alten Zeitschriften ausgeschnitten und säuberlich aufgeklebt. Und warum? Weil er aussteigen will aus einer Gesellschaft, die angstbesetzt ist, sagt er. Selbst wenn es um das Rauchen geht. Lieber tanzt er Flamenco und Tango, begrüßt Bremsen oder Mücken als kostenlose Akupunkteure und schaut in den Sternenhimmel statt in den Fernseher. Michael will einsteigen statt aussteigen. Einsteigen in das Vertrauen, dass ein Leben auch mit einfachsten Mitteln gelingen kann.

# NICKI – NEUSTART IM »FAST HOUSE«

## 46 m², Modulhaus

»O Gott!«, ruft Nicki aus, das Handy zum Fotografieren bereit in ihrer Hand. »O Gott, ist das cool.« Ihre mit Tränen gefüllten Augen verfolgen die Szenerie. In sechs Metern Höhe baumelt an einem Kran gerade ihr neues Zuhause – ein kleines Fertighaus mit 46 Quadratmetern Wohnfläche. Zehn Tonnen Holz und Beton schweben langsam auf ihr Grundstück zu. Nickis Hand, die ihr Handy fest umklammert hält, zittert vor Aufregung. Die blonde Physiotherapeutin, eine tätowierte Amazone in den Mittfünfzigern, hat letzte Nacht nur drei Stunden geschlafen: Denn heute bekommt sie *ihr* kleines Haus, in dem sie zum ersten Mal in ihrem Leben ganz alleine wohnen wird. Ohne Mann, ohne Kinder. Nur mit ihren beiden Hunden Schoki und Mopsi.

Rund um die vielen Handwerker, die in der Sommerhitze schwitzen, gruppieren sich die neugierigen Zuschauer. Wie in einer kleinen Zirkusaufführung bestaunen sie diese Attraktion, die heute in ihrer fränkischen Wochenendhaussiedlung geboten wird. »Der fliegende Wohnwürfel« lässt die gefesselte Menge ihre Handys zücken. Die Blicke sind nach oben gerichtet – das Minihaus, das über ihnen in der Luft schwebt, bewegt sich langsam auf sein Ziel zu: Nickis Grundstück. »Oh, hab ich Angst, dass es runterfällt«, stöhnt die Besitzerin auf. Doch schnell gewinnt die Begeisterung wieder die Oberhand: »Mein Wohnzimmer, mein Schlafzimmer!«, ruft sie aus, obwohl man im Moment noch nicht mehr als einen großen Würfel mit Flachdach erkennen kann. Langsam setzt der große Klotz auf das vorbereitete Fundament auf. Die Arbeiter geben dem Kranführer ruhig und konzentriert Zeichen. Es geht um jeden Zentimeter. Das Haus muss genau auf die Betonstreifen aufgesetzt werden, die 30 Zentimeter aus dem Boden ragen. Einen Keller hat es nicht, auch keinen Speicher. Dennoch ist es ein luxuriöses Häuschen – aber eben eins mit Schrebergartenmaßen.

Auf dem Terrain, wo heute diese große Attraktion geboten wird, drückt sich etwas beschämt der alte Wohnwagen von Nicki in die Ecke. Er ist zu gewöhnlich, unauffällig und etwas »ergraut«, wenn man das bei Kunststoff überhaupt so sagen kann. Das Vehikel aus Plastik war in den vergangenen vier Monaten die Heimat von Nicki. Eine Behelfsheimat. Unansehnlich, winzig. Nicki hatte im Winter ihr 160 Quadratmeter großes Haus verkauft, in dem sie 25 Jahre lang gewohnt hat. Sie würde sagen, sie hat den »Absprung« geschafft aus einem alten Lebensabschnitt. Das letzte Haus, in dem sie gewohnt hat, war ein Schleusenwärterhaus am alten König-Ludwig-Kanal, von ihr liebevoll renoviert. Eigentlich sind es zwei Häuser – ein Schleusenhaus mit 80 Quadratmetern und ein Nebengebäude mit der gleichen Wohnfläche. Ganz alleine pflegte Nicki diese 160 Quadratmeter fast rund um die Uhr, ohne Urlaub. »Ich bin nur um die Schleuse rumgehupft. Es war wunderschön, aber was sollte ich mit dem Riesending? Und immer der Gedanke: Platzt wieder ein Rohr? Muss ich wieder einen Kredit aufnehmen? Muss ich dafür wieder mehr arbeiten gehen? Ich habe so viele Jahre in dem Haus gewohnt, aber ich wollte einfach nicht mehr«, so berichtet Nicki über diese Zeit. Ihre komplette Freizeit und ihr ganzes Geld flossen in dieses alte Haus. Aber irgendwann zog sie die Reißleine: Nach vielen schlaflosen Nächten und quälenden Gedanken traf sie schließlich die Entscheidung, alles zu verkaufen. Und traf damit auf viel Unverständnis: »Die haben mir den Vogel gezeigt und mich gefragt, ob ich spinne, dass ich die Schleuse verkaufen will«, erzählt Nicki, die sich dadurch aber nicht beirren ließ. Ihr Entschluss stand fest: Das Haus, in dem ihre Kinder aufgewachsen sind, wird verkauft. Die Tatsache, dass sie sich innerhalb von zehn Jahren nur zwei Wochen Urlaub gönnen konnte, hat ihr bewusst gemacht, wie sehr eine große Immobilie belasten kann. Auch finanziell – ihre ganzen Ersparnisse wurden von dem alten Haus geschluckt. »Es war ein großer und sehr schwerer Schritt«, berichtet sie weiter. »Aber im Nachhinein bin ich so froh, dass ich es gemacht habe«, ergänzt sie, »dass ich es gar nicht in Worte fassen kann.«

Aber was macht man mit all den Dingen, die vier Personen ein Vierteljahrhundert lang auf 160 Quadratmeter angesammelt haben? »Weißt du, was da alles drinnen war«, empört sie sich noch ein Jahr danach. »Skistiefel, Kinderspiele, mehrere Sonnenschirme – der Keller, der Schuppen, das Nebengebäude waren ›zugeschissen‹ mit Zeug.« Ein Albtraum.

Das Sprichwort »Das Haus verliert nichts«, das so manchen unordentlichen Menschen beim Suchen beruhigt, bekommt bei Nicki eine ganz andere Bedeutung. Was man nie aussortiert, verschenkt oder weggeworfen hat, bleibt als Besitz erhalten und vermehrt sich. Ganz still und leise ergattert es sich einen Platz im Leben des Besitzers. Und in der Wohnung wird es immer enger. Ebenso wie ein See verlandet, weil immer mehr Wasser- und Sumpfpflanzen sich in ihm ausbreiten, wird auch der freie, leere Raum immer kleiner durch die Flut der Dinge.

Der Extremfall zeigt sich bei den Messies, die es nicht mehr schaffen, den Wert der verschiedenen Dinge einzuschätzen. »Heb mich auf! Heb mich auf!«, scheinen ihnen die Dinge zuzurufen. Auch wenn sie kaputt oder verschimmelt sind, hat der Messie immer noch eine Achtung vor dem Gegenstand an sich, seiner Beschaffenheit, seiner Besonderheit. Und er hat Respekt vor dem Aneignen und Besitzen.

Das Messiesyndrom gilt als psychische Störung: Für einen zwanghaften Messie (Messie kommt von dem englischen Wort *»mess«* für »Chaos, Durcheinander«) ist es schwer, sich von einem Gegenstand zu trennen. Er sammelt vor allem Dinge, die Menschen produziert haben – selbst wenn es sich dabei um benutzte Plastikbecher und Pappteller handelt. So fühlt das ängstliche Ego sich geborgen in Dingen, die seinen Wohnraum schleichend verkleinern. Manche Psychologen vermuten sogar, dass der zwanghafte Messie sich so wieder wie in der kuscheligen Enge des Mutterleibes fühlen könne.

Neben dem zwanghaften Sammler gibt es auch den depressiven Messie, dem schlichtweg die Energie für Entscheidungen fehlt. Und Aussortieren und Wegwerfen braucht Entscheidungsfreudigkeit. Demente Messies hingegen – die dritte Variante des Syndroms – versuchen über das Horten von Dingen sich an eine Welt festzuklammern, die in ihrem Kopf immer mehr verschwindet. Alte Kleider, Fotos, unnütze Geschenke: Nichts wird weggegeben aus Angst, die ganze fragile Welt könnte auf einen Schlag zusammenbrechen.

Aber wie viele Dinge braucht der Mensch überhaupt zum Leben? Vor 100 Jahren konnte ein Deutscher etwa 180 Dinge sein Eigen nennen. Heute besitzt jeder durchschnittlich 10 000 Dinge. Eine Frau bringt es auf 17 Paar Schuhe und fast 120 Kleidungsstücke. Selbst in einem Haushalt mit Bewohnern mittlerer Bildung stehen noch mehr als

100 Bücher in den Regalen und 2,2 Fernseher in den Zimmern. Dermaßen aufgebläht und dingfett produzieren wir auch jede Menge Müll: Laut Europäischem Statistikamt haben die Deutschen 2016 fast 2 Millionen Tonnen Elektrogeräte, 2,3 Millionen Tonnen Sperrmüll und 1,5 Milliarden Kleidungsstücke weggeworfen. Technische Innovationen, billigste Herstellung und ein sich schnell verändernder Geschmack treiben die Konsumspirale mit immer schnelleren Umdrehungen in die Höhe.

Aber wo liegt die goldene Mitte zwischen Sammelwut und Wegwerfmentalität? Wie erkennt man, welche Anzahl und Ordnung der Dinge im eigenen Wohnumfeld einem guttut? Denn Dinge, aber auch Häuser haben nur einen Sinn: Sie sollen dem Besitzer dienen – und nicht umgekehrt. Deshalb hat auch Nicki sich immer wieder gefragt: Ist dieses Ding, was ich gerade aus der Umzugsschachtel herausnehme, eher Last oder Freude? Brauche ich es für irgendetwas? Denn nach dem Verkauf der alten Immobilie lagert sie im Winter ihren kompletten Besitz in einem angemieteten Raum mit 35 Quadratmetern ein. Bis unter die Decke füllt sie ihn mit Möbeln und Kisten. Ein Bild, das einen bleibenden Eindruck bei ihr hinterlässt.

Bis zu der Anlieferung ihres kleinen Wohnwürfels verbringt sie vier Monate im Wohnwagen. Diese Zeit wird ihr zum strengen Lehrmeister: »Im März war es eiskalt, dann wurde es dreckig, jetzt ist es furchtbar heiß«, hat Nicki schon am Telefon berichtet. »Da kannst du echt keine fünf Schritte am Stück machen, ganz schön umständlich.« Aber bei allen ungewohnten Härten denkt sich Nicki schon nach dem ersten Monat im Wohnwagen: »Ich vermisse nichts, nichts von dem ganzen Kram, den ich eingelagert habe.« Eine Radikalkur, eine Dinge-Diät mit neuen Einsichten. Und eine »Befreiung«, so würde Nicki es formulieren. »Ich habe früher Kisten umgezogen, in die hab ich gar nicht reingeschaut. Die waren schon als Kisten auf dem Dachboden, und beim nächsten Umzug habe ich sie einfach ungeöffnet wieder mitgenommen«, berichtet Nicki von ihrem unnötigen Besitztum und schüttelt ihre blonde Mähne. »Handtücher, Weihnachtsschmuck, zehn Paar Flip-Flops – wer braucht denn so viel Schwachsinn?« Über dieses Thema kann sich Nicki richtig in Rage reden. Zu lange und zu selbstverständlich haben ihr zu viele Dinge zu viel Raum und zu viel Lebenszeit genommen. Und jetzt ist sie im wahrsten Sinne des Wortes »erleichtert«.

In der Zwischenzeit haben die Handwerker schon das in Plastik gehüllte zweite Wohnmodul ausgepackt, das noch auf dem Schwertransporter in der Straße steht. Über Nacht war Nickis zukünftige Heimat auf den deutschen Autobahnen unterwegs gewesen, um den Verkehr tagsüber nicht zu behindern. Mit Kettenzügen wird die zweite Haushälfte nun langsam hochgehoben. Es ist mit 24 Quadratmetern das kleinste Modul, das man kaufen kann. Später kann man dann beliebig viele andere Module dazustellen, wie in einem Lego-Spiel. Heiratet man, kauft man sich ein Modul dazu. Kommt ein Kind, setzt man das nächste Modul dran. Lässt man sich scheiden, kommt einfach wieder ein

Modul weg. Wie Kinder kleine bunte Türme aus Holzklötzchen bauen, so kann man sich diese modulare Welt je nach Lebenssituation gestalten. Erstes Kind da – schwupp, ein neues Modul! Oma Pflegefall – schwupp, das nächste! Der Mann hat eine junge Geliebte – schwupp, sein Modul kommt wieder weg! Eine moderne Hausstruktur für die moderne Familie: Die solidarische Großfamilie hat aus vielerlei Gründen ausgedient. Das große Bauernhaus – bewohnt von drei oder vier Generationen – ein Auslaufmodell. In der neuen Wohnmodul-Welt wächst oder schrumpft das Haus mit den neuen Lebenssituationen mit. Wohnfläche ist regulierbar und nicht statisch. Und wenn man aus beruflichen Gründen oder wegen einer neuen Liebe umziehen sollte, ist dieses Modulhaus noch dazu versetzbar.

Viele Kunden dieser kleinen Fertighäuser sind Frauen, die sich den Baustress mit Architekten und Handwerkern ersparen wollen. Erst vor zwei Monaten hatte Nicki sich ihr Haus bei einem Anbieter von modularen Fertighäusern bestellt, und gerade schwebt schon das zweite Modul über ihren Gartenzaun auf ihr Grundstück zu. Ein »Fast-House« also, bei dem manchmal die Emotionen gar nicht richtig mitkommen, so schnell steht es.

Bei Nicki wächst die Anspannung. Um das Aufsetzen des zweiten Moduls zu beobachten, ist die sonst so resolute Physiotherapeutin vor Aufregung und Spannung wie ein junges Mädchen in die Hocke gegangen. Glücklich legt sie den Arm um ihre Freundin: »Klein, fein, mein«, sagt sie erleichtert. Ab heute besitzt Nicki ein neues Haus – kompakt, nagelneu, modern und versetzbar.

»Ich wollte es eigentlich taufen, aber ich habe Angst, dass ich ein Loch in die Fassade schlage«, lacht sie vergnügt, während sie die Sektflaschen für ihre Freunde öffnet und die Gläser verteilt. Sie stoßen an, während Nicki ihren Hausschlüssel vom Verkäufer des Fertighauses feierlich entgegennimmt. »Prost, Haus!«, ruft Nicki noch fröhlich, bevor sie es betritt und mit »Ahs« und »Ohs« und »super« nicht sparen wird. »Endlich!« entfährt ihr auch, als sie ihre beste Freundin Sandra in ihren neuen Räumen umarmt. Es ist, als ob sie einen langen Weg zurückgelegt hätte, der sie aus einem großen Haus über den Wohnwagen nun zu ihrem kleinen Fertighaus geführt hat. Ein umständlicher Weg, der sie viel Energie gekostet hat, aber ihr eines klargemacht hat: Ein kleiner Wohnraum reicht völlig aus und befreit sogar. Von materiellen Dingen, die nicht mehr reinpassen, und auch finanziell. Nicki beruhigt der Gedanke, dass sie mit wenig Geld ihr Haus immer warm bekommt und alles Nötige bezahlen kann.

Ich bin während meiner Recherche zu kleinen Wohnformen ganz verschiedenen Möglichkeiten von modularem Wohnen begegnet. Nehmen wir die Familie in München-Bogenhausen, einem teuren Stadtviertel. Er Bauingenieur, sie Zahnärztin, zwei fast erwachsene Töchter. Sie haben ihr schmales Reiheneckhaus durch ein Wohnmodul in ihrem Garten ergänzt. Für Strom und Wasser erweiterte man das

Leitungsnetz des alten Hauses, das selbst nur über eine sehr geringe Grundfläche verfügt. Mit dem Modul wollte man an Wohnfläche und Flexibilität gewinnen. Sollte eine der Töchter später mit ihrer Familie im Haupthaus wohnen wollen, könnten sich die Eltern mit dem Modul begnügen. Vielleicht würde das Modul aber auch schon bald die 85-jährige Oma beherbergen, wenn sie hinfällig wird, Pflege und einen barrierefreien Wohnraum braucht. Wenn weder das Töchter- noch das Omamodell sich realisieren sollten, könnte das Ehepaar, wenn es ungefähr in zehn Jahren in Rente geht, das Vorderhaus vermieten. So hätten sie ein angenehmes Nebeneinkommen und hätten selbst die Möglichkeit, seniorengerecht im angebauten Modul zu wohnen.

Das Modul ist ein kleines Fertighaus, das mithilfe eines Krans innerhalb eines Tages aufgestellt wurde. Im Gegensatz zum Vorderhaus, das nur kleine Fenster hat und daher im Inneren ein wenig dunkel ist, hat es große Fenster und ist lichtdurchflutet. Auf dem flachen Dach des Moduls wurde Kies aus der Isar aufgeschüttet. Der Hausherr liebt diesen Platz besonders: Bei Sonnenaufgang macht er hier seine Qigong-Übungen mit so schönen Namen wie »Wolken teilen« oder »den Affen abwehren«. Der Bauingenieur, der gerne Tango tanzt, ist auf sein kleines Fertighaus stolz wie auf ein drittes Kind: das neue Wohnmodul, das Raum und Licht in sein Leben brachte. Und viel mehr Möglichkeiten, um über das Wohnen im Alter zu entscheiden.

Ganz anders habe ich die Konstellation in der bayerischen Oberpfalz erlebt: Im Mai 2016 wird ein 11 Tonnen schwerer Wohnwürfel über das Haus der neuen Besitzer in deren Garten gehoben. Es ist ein Minifertighaus mit 43 Quadratmetern Wohnfläche. Gekauft hat es eine Drei-Frauen-Generation-Familie für 85 000 Euro. Die Anlieferung bot einen ähnlich spektakulären Anblick wie bei Nickis Haus. Einziehen tut hier die Jüngste, die 28-jährige Teresa, die berufstätig ist und momentan als Single lebt. Bis jetzt hat sie bei ihrer alleinerziehenden Mutter Eva im »alten« Haus aus den 1970er-Jahren im Obergeschoss gelebt, im Erdgeschoss wohnt Oma Greta. Jetzt ist Teresa also ausgezogen und lebt dennoch ganz nah bei ihrer Familie.

Ihr modernes Minihaus ist in Holzständerbauweise errichtet. Alle senkrechten und horizontalen Stützen sind aus Holz gefertigt. Das geht viel schneller als das Bauen eines Hauses mit Mörtel oder Beton, wo es zu langen Trocknungszeiten kommt. Alles ist bereits fertig – selbst Bad und Küche kann man sich mitliefern lassen. Beheizt wird es mit Infrarotplatten, die mit dem Strom vom Solardach des alten Wohnhauses betrieben werden. Ein Haus mit geringen Energiekosten, aber ohne Keller oder Speicher. Aufgesetzt nur auf Punktfundamenten und somit jederzeit wieder versetzbar. Dennoch muss so ein Häuschen in den Bebauungsplan der jeweiligen Gemeinde passen und von der Baubehörde genehmigt werden. Bei dieser Familie dauerte es allerdings nur zehn Tage, bis der Bauantrag durch war.

Der kleine Wohnwürfel war die Lösung, um zusätzlichen Wohnraum im eigenen Garten zu schaffen. Und jetzt freut Teresa sich: »Ich hab nur drei Meter, um nach Hause zu gehen, und sonntags kann ich bei der Oma Schweinebraten essen und bei meiner Mama Wäsche waschen«, strahlt sie. Schon vier Tage nachdem das Häuschen angeliefert worden war, konnte sie einziehen. Genauso schnell kann sie aber auch wieder ausziehen, denn dieses Haus verpflichtet sie zu nichts. Wenn sie sich es anders überlegt, dann möchte ihre Mutter es bewohnen und vielleicht das kleine Haus noch einmal versetzen an ihren Lieblingsort St. Peter-Ording an der Nordsee. Oder sollte Oma Greta pflegebedürftig werden, könnte sie in das kleine Häuschen im Garten ziehen, das ebenerdig und mit dem Rollstuhl befahrbar ist. Was das Putzen und Aufräumen betrifft, ist das Haus überaus pflegeleicht. Und es ist eine Art »Familienhaus«, das zwischen den Generationen weitergegeben wird. Ein Haus, das sich den Bedürfnissen der Frauen anpasst und nicht umgekehrt.

Nicki, die freche, humorvolle Frau mit der blonden Mähne, treffen wir im Oktober wieder. Ein wunderbarer Herbsttag mit fast sommerlichen Temperaturen hat sie mit ihrem Hund Schoki herausgelockt. Heute geht sie mit ihm Gassi in dem großen Neubaugebiet einer 8000-Seelen-Gemeinde südlich von Nürnberg. Hier wimmelt es von Bauarbeitern, Lieferwagen und Kränen. Ein geschäftiges Treiben, eine laute Kulisse. Zehn riesige Häuser nehmen sich hier ihren Raum, einige werden später bis zu 200 Quadratmeter Wohnfläche haben. »Small is beautiful« – die Rückkehr zum menschlichen Maß – ist hier kein Thema. Aufgebläht, aus der Form gegangen und geradezu adipös verlangen diese Wohlstandsfantasien aus Stein und Beton nach so viel Platz wie irgend möglich. Protzbauten, dreidimensionale Statements der Wohlstandsgesellschaft.

Nicki staunt und staunt. Normalerweise ist sie ein sehr toleranter Mensch, aber diese Lust am großen Haus berührt sie unangenehm. »Die Jungen haben einfach viel höhere Ansprüche als wir damals«, sagt sie, während sie mit ihrem Hund an der Leine vor einem besonders großen Objekt stehen bleibt. »Die brauchen alle nagelneue große Autos, Fernreisen und ein Haus mit vielen Zimmern. Die haben oft sogar ein extra Billard-, Fernseh- oder Ankleidezimmer. So viele Räume – am Ende müllt man sie doch nur mit Dingen zu, die einen belasten«.

Sie schüttelt verständnislos den Kopf. »Als ich jung war, konnte es mir auch nicht groß genug sein«, gesteht sie ehrlich. »Aber auf keinen Fall will ich in so einem Haus noch einmal wohnen, treppauf und treppab den ganzen Tag schrubben, putzen und reparieren.«

Der gewaltige Hunger nach Wohnfläche lässt sich aus Statistiken ablesen: Hatte 1965 noch jeder Deutsche 22 Quadratmeter zur Verfügung, brauchte er 2015 – also 50 Jahre später – schon 47 Quadratmeter. Das ist eine Steigerung von mehr als 100 Prozent. Hinzu kommt, dass immer mehr Menschen als Single leben. Das ist die Lebensform, die am meisten Wohnfläche benötigt. 2014 – neuere Daten gibt es derzeit leider noch nicht – brauchte ein Single 66 Quadratmeter. Bei Zwei-Personen-Haushalten lag die Wohnfläche pro Kopf bei 48 Quadratmeter, bei Drei-Personen-Haushalten bei 30 Quadratmeter. Die großen Wohnflächen vieler Ein-Personen-Haushalte sind unserer alternden Gesellschaft geschuldet. Viele Senioren bleiben in ihren gewohnten Häusern, auch wenn ihre Kinder längst ausgezogen sind und ihr Partner verstorben ist.

Genauso erlebt Nicki auch ihren 80-jährigen Vater: »Der wohnt in einer Wohnung von 140 Quadratmetern. Der ist da ganz alleine, hockt in seinem Stuhl und schaut Fernsehen. Obwohl er ein Pflegefall ist, weigert er sich, aus seiner Riesenwohnung auszuziehen«, empört sie sich über dessen Starrsinn. Ganz anders ihre Mutter: »Die ist mit 78 Jahren noch in eine kleine schnuckelige Wohnung gezogen. Die ist eine richtige Frohnatur und hat sich voll eingelebt«, berichtet Nicki stolz.

Ein wenig verloren steht Nicki als Mensch in diesem riesigen Neubaugebiet. Sie wirkt wie ein kleiner David inmitten von klotzigen Goliaths, von architektonischen Selbstdarstellern. Das hier wird keine Siedlung, in der sich die Häuser die Hände reichen. Wo es Höfe, Plätze, Gassen zum Treffen gibt. Keine kleinteilige, intime Welt. Keine Architektur der Nähe, der Gemeinschaft, sondern eine monotone Architektur für den vereinzelten Menschen, der immer mehr Raum um sich braucht. Je dicker der steinerne Schwimmgürtel ist, den man sich umbinden kann, desto höher ist das Renommee.

In den Städten dagegen japsen wir nach Luft, die hohen Mieten und Immobilienpreise drehen den Familien immer mehr den Hahn zu. Künstler, Handwerker, kleine Läden sind immer weniger gewollt. Sieger sind die reichen Bauträger mit ihren Luxussanierungen und die Kinderlosen mit hochbezahlten Arbeitsplätzen. Niemand kann in München, Zürich, Berlin oder Hamburg in solchen Modulen wie Nicki wohnen. Der Grundstückspreis macht es unmöglich. Ein günstiges Leben, das von vielen Zwängen befreit, ist allein dem Land vorbehalten. Auch Nicki hat hier in dem Wochenendgebiet erschwingliche 500 Quadratmeter kaufen können und darauf ihr kleines Fertighaus für 80 000 Euro hingestellt.

Jetzt im Oktober – vier Monate nach der Anlieferung – hat sich Nicki ihr kleines Haus heimelig gemacht. Ihre beiden erwachsenen Kinder haben ihr beim Bauen der schönen großen Terrasse aus Douglasienholz geholfen. So hat Nicki noch einmal Wohnraum im Grünen gewonnen. Hier sitzt sie oft in der Herbstsonne. Innen im Haus teilen sich die 46 Quadratmeter in zwei Räume auf: Den größten Raum bilden Küche, Ess- und Wohnzimmer zusammen, ein winziges Schlafzimmer sorgt für Ruhe und Intimität. Neben dem Bad, in das keine Badewanne gepasst hat, gibt es noch einen kleinen Abstellraum. Werkzeug, Vorräte und die Waschmaschine haben hier ihren Platz gefunden.

Das Fertighaus ist gut gefüllt: Selbst die kleine Teekannensammlung von Nicki hat ihren Platz oben auf dem

Glasschrank gefunden. Auch ihr Faible für Leopardenmuster hat sie hier in Kissen und Decken ausgelebt. Es ist voll geworden, aber gemütlich. In einem minimalistisch kargen Zen-Raum möchte Nicki nicht leben, dafür ist sie zu bodenständig und mag es gleichzeitig feminin verspielt. Vorsichtig bewegen muss sie sich aber schon: »Du läufst etwas reduzierter hier, das ist wie auf Sparflamme. Wenn du dich ein paarmal angehauen hast, dann machst du automatisch langsamer. Man hat hier seine Gehstraßen, aber die sind one-way, entgegenkommen darf dir niemand, nicht einmal ein Hund.«

Aber warum ist Nicki eigentlich nicht in eine Wohnung gezogen? »Ich hab hier kein Obendrüber, kein Nebendran, kein Untendrunter, kein Türschlagen vom Nachbarn«, berichtet die neue Minihausbesitzerin. »Schon durch den Garten ist alles abgeschlossen um mich herum.« Es ist sehr still in ihrem Häuschen, während sie konzentriert ein kleines Schuhschränkchen zusammenschraubt. Ab und zu hört man das Schnaufen ihres Mopses, das ein wenig an Schnarchgeräusche erinnert. Auf dem Esstisch sortiert Nicki die restlichen Schrauben und sucht den richtigen Schraubenzieher aus: »Lieber ein kleines Haus als eine größere Wohnung«, räsoniert sie weiter. »Das hier ist alles meins, da nervt mich keiner, da redet mir keiner rein. Der größte Vorzug an dem Haus ist, dass kein Mann mehr reinpasst«, schließt sie ihre Überlegungen ab. Harte Worte für eine 56-Jährige. Aber sie hat sich hier von vielem befreit, was sie in der Vergangenheit belastet hat.

Auch Männer gehören dazu. Ein kleines Auto, ein kleines Haus, eine kleinere Physiotherapiepraxis: »Ich hab mich in jeder Hinsicht verkleinert und befreit« – das ist jetzt Nickis Leben.

*Nachtrag:*

Ich habe Nicki ein halbes Jahr später noch einmal für dieses Buch zusammen mit dem Fotografen besucht. Der erste Winter lag hinter ihr. Er war dunkel und etwas einsam. Zwei Bandscheibenvorfälle, Schmerzen in der Schulter, eine heftige Grippe plagten sie monatelang. Das vorangegangene anstrengende Jahr rächte sich an ihr, als sie schließlich zur Ruhe kam. Aber der Vorteil war: Endlich konnte sie den Winter in einem warmen Haus verbringen. Nach Jahrzehnten in alten, schlecht beheizbaren großen Häusern ist das für sie nicht selbstverständlich.

Und ihr Besitz, ihre Dinge? Wie weit ist sie mit ihrer »Dinge-Diät«? Meine obligatorische Frage stört sie nicht. »Ein paar Gitarren habe ich noch auf dem Speicher von meinem Sohn«, beichtet Nicki ehrlich. Auch im Gartenhäuschen sind immer noch ein paar Kisten verstaut. Aber eingekauft hat sie im letzten Jahr nichts, ohne dafür gleichzeitig ein anderes Ding auszusortieren. Auf dem Flohmarkt hat sie für einen Euro einen vergoldeten Bilderrahmen für eine Fotografie von ihrem Vater gekauft, der im April verstorben ist. Da sie notariell auf ihren Pflichtteil verzichtet hatte, hat sie – wie sie es zugespitzt ausdrückt – nicht einmal einen Knopf geerbt. Sie musste keinen Platz für den Nachlass ihres Vaters opfern und keine Zeit damit verbringen, all die Gegenstände zu sortieren, in die Hand zu nehmen, die quälende Entscheidung zwischen Behalten, Verkaufen und Wegwerfen zu treffen. Man spürt ihre Erleichterung darüber, dass nicht wieder neue Dinge sie überfluten und ihr kleines Reich enger machen könnten.

Nach einem Jahr hat Nicki ihren Schritt noch nicht bereut. Bloß ein paar Quadratmeter hätte sie schon gerne mehr, das gibt sie zu. »Mein Traum ist, Harfe zu lernen«, erzählt sie uns dann beim Kaffeetrinken. »Diese zarten Klänge, das fände ich super entspannend.« Aber da hat sie jetzt Pech: Denn wie soll ein Instrument, das 40 Kilo schwer und 1,80 Meter lang ist, in ihren Wohnwürfel passen? Sie lacht diese erste kleine Einschränkung einfach weg. »Dann muss ich mir eben eine kleine Harfe für den Anfang kaufen«, fantasiert sie amüsiert weiter. Lieber ein kleines Haus als eine große Harfe, das hat Nicki schon längst für sich entschieden.

can greet

# CORINNA UND THERESA – BÜFFELN IM CONTAINER

## 7 m², Mini-Wohnwürfel

Wer keine Wahl hat, hat die Qual. So könnte man das alte Sprichwort für überfüllte Großstädte abwandeln. Ohne eigenes Einkommen und ohne reiche Eltern sind die teuren Mieten für Studenten unerschwinglich. Auch die zwei Studentinnen Theresa und Corinna haben nicht viel Geld. Wie sollen sie sich da eine gemütliche Studentenbude leisten können?

Und die Mietspirale dreht sich immer weiter nach oben: Rasant steigende Einwohnerzahlen, ein hinterherhinkender Wohnungsbau, teure Grundstücke, zu wenig Angebot und zu viel Nachfrage lassen den Mietmarkt nicht zur Ruhe kommen. In München, der teuersten Großstadt Deutschlands, steigen die Mieten unaufhaltsam. Das erinnert ein wenig an das Märchen »Hans und die Bohnenranke«, in dem eine kleine Bohne nur eine einzige Nacht braucht, um bis in den Himmel zu wachsen. Am Ende der unheimlichen Pflanze befindet sich die Wohnung des bösen Riesen, der Reichtümer wie Goldmünzen, eine Henne, die goldene Eier legt, und eine goldene Harfe besitzt. Im Märchen kann Hans den tollpatschigen Riesen bestehlen und wird am Ende selbst reich. Aber Märchen bleibt eben Märchen, und unsere Studentinnen werden dem gierigen Riesen mit Namen »Wohnungsmarkt« wohl keine gemütliche Wohnung mit einer akzeptablen Miete entreißen können.

Mit ihren schönen langen Haaren und ihren strahlenden jungen Gesichtern erinnern Corinna und Theresa zwar an hübsche Prinzessinnen – aber sie sind bei Weitem nicht so verwöhnt wie die »Prinzessin auf der Erbse« oder die zickige Prinzessin im Märchen »König Drosselbart«. Die Studentinnen bauen nicht auf einen reichen Prinzen, sondern wollen einen anspruchsvollen Beruf erlernen. Corinna, das braunhaarige Mädchen aus Franken, studiert Biochemie im Master-Studiengang. Theresa, die sanfte Blondine aus Murnau, macht jetzt ihren Abschluss als Realschullehrerin für Deutsch und Französisch. Sie sind zwei Studentinnen von fast 120 000 in München, also nichts Besonderes. Aber wie sie wohnen, in knapp 7 Quadratmeter großen Wohnwürfeln, das ist wirklich einzigartig.

Diese sieben kleinen Wohnwürfel stehen auf einer Wiese hinter den Hochhäusern des Studentenwerks im Münchener Norden, in denen fast 2500 Studenten untergebracht sind – die größte Studentensiedlung Deutschlands mit einer eigenen U-Bahn-Haltestelle. In bis zu 21 Stockwerk hohen Häusern kann man dort günstig in 8 bis 20 Quadratmeter großen Appartements wohnen.

Ein besonderes Experiment wagte das Studentenwerk 2005, als es sieben winzige Wohnwürfel – genannt *»micro compact homes«* – in Auftrag gab. Die Fakultät für Architektur an der TU München entwickelte unter Leitung von Professor Richard Horden kleinste Einheiten, in denen Schlafen, Kochen, Waschen und Lernen auf 7 Quadratmetern komprimiert wurden. Der Würfel wurde nicht breiter als 2,55 Meter gebaut und konnte so im normalen Straßenverkehr transportiert werden. Der Prototyp mit der schlichten Fassade aus Aluminium kostete damals stolze 100 000 Euro. Eine neue Idee mit Erfolg: Bereits 2006 konnte das stylishe *»micro compact home«* den 1. Preis in der Kategorie »Wohnungsbau« vom Bund Deutscher Architekten einheimsen. An der Entwicklung der Wohnwürfel waren damals auch die Architekten John Höpfner und Lydia Haack beteiligt. Am Telefon berichtete mir John Höpfner stolz, dass die Wohnwürfel immer noch sehr begehrt unter Studenten seien. Allerdings – so schränkte er ein – wäre dieser winzige Raum nicht zum dauerhaften Wohnen gedacht.

Corinna, die pragmatische junge Fränkin, dementiert diese Aussage heftig: »Die Würfel sind weniger beliebt bei den Studenten, weil sie so klein sind. Das halten nicht viele aus«, erzählt sie. Bei der Bewerbung um einen Würfel wurden sowohl Corinna wie auch Theresa gefragt, ob sie Platzangst hätten. »Mich hat die Dame im Studentenwerk auch gefragt, ob ich Architekturstudentin bin und mich deshalb für die Würfel interessiere«, berichtet Corinna amüsiert weiter.

Seit einem halben Jahr wohnt die Biochemiestudentin jetzt im Wohnwürfel mit der Nummer 4, wo wir sie am frühen Morgen treffen. Es ist sommerlich warm, und Corinna empfängt uns in lässigen Shorts und einem engen Top. Sie ist gerade aufgestanden und hat bereits ihre erste morgendliche Turnübung absolviert: »Sportlich musst du schon sein«, kommentiert sie ironisch ihr Wohnen auf engstem Raum. Denn wenn Corinna aufsteht, muss sie erst mal wie ein Eichhörnchen auf ihrem Bett rumklettern, um die Bettdecke in das seitliche Regal räumen und das Bett hochklappen zu können. Erst wenn das Bett, das sich im oberen Drittel des Würfels befindet, weg ist, kann sie im Raum darunter ihre Sitzecke zum Frühstücken herrichten. Dafür zieht sie den schmalen Aluminiumtisch, der im Regal eingelassen ist, hervor. Die winzigen Sitzbänke schmückt sie jeden Morgen wieder mit Sitzkissen, die standardmäßig blau sind, aber von ihrer Mutter mit einem fröhlichen geblümten Stoff aufgepeppt worden sind. »Ich brauche morgens schon eine Viertelstunde länger als die Kommilitonen im Hochhaus«, berichtet Corinna nach ihrer morgendlichen Choreografie. »Da musst du dir Ordnung und eine gewisse Technik angewöhnen, sonst funktioniert das nicht.« Das hat sie hier lernen müssen. Keine schlechte Lektion, oder?

Ihre wenigen Nachbarn kennt Corinna kaum. Obwohl die Miniwürfel mit einem Steg aus Eisengitter verbunden sind, gibt es wenig Kontakt untereinander. Vielleicht weil jeder – auch wenn es noch so klein ist – in seinem eigenen

Haus lebt und keine Küche oder Bad mit jemandem teilen muss. Erst im Zuge meiner Recherche hat Corinna Theresa kennengelernt, die schon seit fast zwei Jahren in dem Wohnwürfel direkt neben ihr mit der Nummer 5 lebt. Theresa ist auf einem großen Bauernhof aufgewachsen. Sie ist viel Platz gewöhnt – genau wie Corinna, die mit ihrer alleinerziehenden Mutter in einem Haus nahe Nürnberg gelebt hat. Jetzt müssen sie sich mit 7 Quadratmetern begnügen – eine echte Herausforderung.

Schön sind die Würfel nicht, im Gegenteil. Da haben sich Architekten und Werbedesigner sichtbar ausgelebt. Der Telekommunikationsanbieter, der die Entwicklung der Miniwürfel finanziert hat, benutzt die Außenwände als Werbefläche. Blaue Hände mit gespreizten Fingern, geisterhafte Frauen und Männer mit verschwommenen Gesichtern, die verschiedene Bewegungen andeuten – dazu gibt es auf jedem Wohnwürfel einen anderen Spruch: »can invite«, »can greet«, »can dream«, »can jump« – Worthülsen ohne nachvollziehbaren Sinn. Eine befremdliche Szenerie, beinahe ein wenig albtraumhaft, vor allem, da die Würfel inzwischen in die Jahre gekommen sind und ein wenig schäbig wirken.

Heute besucht Corinna Theresa zum ersten Mal, ein gemeinsames Frühstück ist geplant. Mit einem Schüsselchen voller Sommerhimbeeren klopft sie bei Theresa an. Umarmung, Bussi, Bussi, drei Schritte weiter, und schon sitzen sie an dem Tisch. Sie ratschen über Vorlesungen,

Examen, ihre Heimat – alles ganz normal. Wäre da nicht immer die erstaunliche Akrobatik, mit der sie aus der höhergelegten Küchenzeile Messer holen, Milch in die Mikrowelle stellen, Joghurt aus dem Kühlschrank nehmen. Wenn man es nicht mit eigenen Augen gesehen hat, ist diese »Wohn-Choreografie« nur schwer zu beschreiben.

Einige Besucher haben die beiden Studentinnen schon mit »Cage-People«, also Käfigmenschen verglichen. Ein harter Vergleich: Hongkong, eine der reichsten Metropolen mit vielen Milliardären, hat die höchsten Immobilien- und Bodenpreise der Welt. Für ein 30-Quadratmeter-Appartement zahlt man einen Kaufpreis von etwa 900 000 Euro. Die Mieten sind auch dementsprechend hoch. Ein Desaster für mittellose Immigranten aus China, arme alte oder behinderte Menschen. Eine Notlösung für diese Bevölkerungsgruppen sind stapelbare Gitterboxen, die mindestens eine Grundfläche von 1,5 Quadratmeter und eine Höhe von einem Meter haben. Genau so viel braucht ein Mensch, damit er liegen oder sitzen kann. In einem 10-Quadratmeter-Zimmer können so beispielsweise dreimal drei Käfige aufeinandergestapelt werden. Journalisten, die diese Käfigmenschen besuchen konnten, berichten von einem beißenden Gestank. Eine einzige Toilette muss für alle reichen. Kein Wunder, dass sich dort auch Ungeziefer wie zum Beispiel Bettwanzen ausbreitet. Unter diesen entsetzlichen Umständen sollen etwa 100 000 Menschen, darunter auch 20 000 Kinder, in Hongkong leben – mit null Privatsphäre, null Komfort und null Platz. Menschenunwürdig.

Das Einzige, was die Käfigmenschen mit unseren Studentinnen verbindet, ist vielleicht der Wunsch, sich so wenig wie möglich in den kleinen Räumen aufzuhalten. Zur Mittagszeit – so haben die Reporter aus Hongkong berichtet – treffe man niemanden in den Käfigwohnungen an. Auch Corinna und Theresa versuchen, so wenig Zeit wie möglich in ihren Miniwürfeln zu verbringen. Zum Glück ist der studentische Alltag sowieso gefüllt mit Seminaren und Praktika, gelernt wird meist in Bibliotheken. Und am Wochenende wird heimgefahren – zur Familie, zu alten Freunden, zu mehr Raum. »Das Maximum, wo ich hier am Stück war, war eineinhalb Wochen«, erzählt Theresa, während sie die Frühstückssachen aufräumt. Corinna hat es nicht länger als eine Woche ausgehalten. Hier im Würfel haben sie nur ihre wichtigsten Sachen zum Lernen, Anziehen und Waschen dabei. Der Rest lagert bei ihrer Familie zu Hause.

»Mein erster Eindruck vom Würfel war steril, düster, nüchtern, grau«, erzählt Theresa beim Abspülen. »Also ich hab ihn mir noch kleiner vorgestellt«, berichtet Corinna von ihrer ersten Besichtigung. »Was? Das hab ich ja noch nie gehört.« Theresa ist etwas fassungslos. »Ich kenne niemanden, der auf so kleinem Raum wohnt wie wir«, erzählt sie weiter. »Eine Freundin hat erzählt, sie kennt jemanden in München, der in einer Besenkammer mit fünf Quadratmetern wohnt und dreihundert Euro zahlt.« Es geht also noch kleiner.

Manchmal sind Kommilitonen zu Besuch da, die die Würfel der Mädchen auch mit den Kapselhotels in Tokio vergleichen. Das sind billige Unterkünfte, wo man in einer Schlafkammer von zwei Meter Tiefe, einem Meter Breite und 1,20 Meter Höhe schlafen kann – etwas größer als ein Sarg. Die Kapseln werden zweireihig an der Wand entlanggeführt und sind mit Licht, Radio, Wecker und TV ausgestattet. Besucher berichten, dass sie erstaunlich komfortabel, aber extrem hellhörig seien. Sich waschen und duschen kann man in separaten Gemeinschaftsräumen.

Da finden Corinna und Theresa ihre Minidusche im Würfel schon besser. Gleich nach der Eingangstür befindet sich die Toilette und über ihr der Duschhahn. Wenn man duschen will, kann man eine kleine Trennwand zum Wohnraum hervorziehen. Der Nachteil: Wenn man fertig ist, ist der ganze Eingangsbereich nass. Besonders im Winter ist das natürlich sehr unangenehm.

Ein gutes halbes Jahr später habe ich die beiden Studentinnen noch einmal besucht – an einem frostigen grauen Februartag. Auf dem Wohnwürfel 4 kleben innen etwas kümmerliche Sterne aus weißem Papier – Corinnas Versuch, ihr Zuhause etwas gemütlicher zu machen. Innen hat sie Lichterketten aufgehängt, um etwas Flair in den sterilen Würfel zu bringen. Es ist ihr erster Winter in dem »micro compact home«. Ihr Resümee: »Nachts lasse ich das Fenster beim Schlafen lieber zu, sonst kühlt der Würfel völlig aus. Ganz gut sind Vorhänge, die halten etwas Kälte ab. Die Heizung funktioniert, aber viele Sachen sind hier aus Aluminium und immer kalt, wenn man sie anfasst.«

Mittlerweile reden Corinna und Theresa schon über ihren Auszug. Theresa macht ihr Staatsexamen und muss im März aus dem Würfel raus. Corinna schreibt an ihrer Masterarbeit in Biochemie und darf noch bis Oktober bleiben. Sie sind immer noch froh, in dem Würfel wohnen zu können. Im vergangenen Herbst – so erzählt Corinna – habe man ja in München Notunterkünfte für Studenten eingerichtet. In einem alten Bunker in der Innenstadt habe man 34 Plätze geschaffen mit kostenloser Matratze und einer L-förmigen Trennwand. 5 Euro pro Nacht bezahlen die meist ausländischen Studenten für das spartanische Lager. Eine Übergangslösung für wenige Wochen, dann wurde das Lager wieder aufgelöst.

Da leben sie doch lieber in ihrem Würfeldorf. »Es ist schon ein kleines Haus«, meint Theresa mit einem dicken Schal um den Hals. »Wenn wir die Nase voll haben, machen wir einfach die Tür zu und Feierabend!« Wenn sie ausziehen werden, hoffen sie, ihr Hab und Gut mit einer einzigen Autofuhre transportieren zu können. Theresa wird für ihre Prüfung von Murnau aus pendeln, weil sie nur noch zweimal die Woche an die Universität muss. Und Corinna – die Nürnbergerin – will vielleicht in München bleiben und bewirbt sich gerade auf Promotions- und Traineestellen.

Eines aber wissen sie genau: Wenn sie mal richtig Geld verdienen und Familie haben, dann möchten sie in einem großen Haus mit einem großen Garten wohnen.

# BERTHOLD – LEBEN OHNE ADRESSE

## 6 m², Kiste

Wohnen heißt, eine Adresse zu haben. Einen Briefkasten zu besitzen. Auf Google Earth auffindbar zu sein. Wo jemand wohnt – ob in einem Dorf, in der Großstadt oder in einem bestimmten Stadtteil –, verrät viel über ihn. Nennen Sie in einer Stadt wie zum Beispiel in Berlin Ihren Bezirk, dann landen Sie sofort in einer Schublade, das funktioniert wie das indische Kastensystem. Kreuzberg und Lichtenberg lässt Sie sofort in den Untiefen der sozialen Rangordnung landen, aus der Sie auch so schnell nicht mehr aufsteigen werden. Wohnen Sie jedoch in Dahlem oder im Grunewald, dann gehören Sie zu den »Brahmanen«, der höchsten Kaste – vom Schicksal bevorzugt, von Geld verwöhnt, mit viel Wohnfläche im schicken Haus. Eine Adresse, die mit Ansehen, Bildung und Respekt verbunden wird.

Und wenn man gar keine Adresse hat? Wenn man nirgends auffindbar ist? Wenn man nicht mal ein Smartphone besitzt, das über GPS geortet werden kann? Beides hat

Berthold nicht und will es auch nicht haben. Wenn man ihn treffen will, ruft man am besten am Vorabend auf seinem altmodischen Handy an. Geht er ran, hat man großes Glück. Denn Berthold ist kein Medienjunkie, der dauernd Kontakt zu seiner Umwelt braucht. Er ist kein Tintenfisch mit 1000 kleinen Saugnäpfchen, der sich an einem festen Ort oder an Menschen festsaugt. Nein, im Gegenteil: Berthold liebt Einsamkeit, Abgeschiedenheit und Stille. Und deshalb ist er froh, wenn ihn nur die Leute finden, von denen er auch wirklich gefunden werden will.

Mit seiner »Kiste«, wie Berthold sein winziges Zuhause lapidar nennt, entkommt er jedem Navigationssystem. Und das gefällt ihm. Von allen »Tiny Houses«, die ich besucht habe, lebt Berthold auf dem allerkleinsten Raum. Nur winzige 6 Quadratmeter hat seine »Kiste« bei einer Raumhöhe von 1,90 Meter. Auf diesem wenigen Raum hat er alles gelagert, was er besitzt. Das sind ein Bett, ein kleiner Stuhl, ein Tisch, Gläser, Töpfe, zwei Gasplatten, ein kleiner Holzofen für den Winter. Alles wirkt klein, gedrängt und funktional. Berthold wohnt schon seit fünf Jahren in diesem hölzernen Häuschen, und der Platz reicht ihm. »Häuschen«, »Tischchen«, »Stühlchen« – angesichts der Winzigkeit verfällt man unwillkürlich in Verkleinerungsformen. Genau wie im Märchen »Schneewittchen und die sieben Zwerge«. Der Merkspruch: »-chen und -lein machen alle Dinge klein«, stimmt aber nur bedingt. Denn natürlich kann man mit diesen Endungen nicht nur Dinge verkleinern, sondern geliebten Dingen damit auch seine

Zuneigung ausdrücken. So muss das »Häuschen im Grünen« nicht unbedingt ein Minihaus sein, es kann sich ebenso gut um ein schönes und stattliches Gebäude handeln. Aber bei Berthold ist das Wort »Häuschen« tatsächlich eine Klassifizierung: Er besitzt in der Tat die kleinste Form von Haus, die es gibt.

»Wenn mir früher jemand gesagt hätte, dass ich auf so kleinem Raum leben müsste, dann hätte ich gesagt, das wird ganz schön eng«, schmunzelt der schlanke, langhaarige Mann, der an diesem kühlen Morgen einen langen Wollschal aus Nepal um den Hals geschlungen trägt. Berthold ist muskulös, sportlich, braun gebrannt. Aber das Auffälligste an seinem Äußeren sind seine braunen Dreadlocks, in die sich inzwischen bereits die ersten weißen Haare mischen. Berthold ist Zimmermann, am liebsten baut er Zirkus- oder Saunawagen in seiner Werkstatt am Ammersee. Gerade arbeitet er an einem exquisiten Wagen, den er an Hochzeitspaare für ihre Flitterwochen vermieten will. Alles feine Handarbeit und ohne jegliche fremde Hilfe. »Die wenigsten Kunden wollen in so einem Wagen wohnen«, berichtet der geübte Handwerker. »Solche Wagen verkaufe ich eher als Gartenhaus, als Yogahaus für die Frau oder als Raum für Psychotherapeuten.«

Aber anders als seine Kunden hat sich Berthold entschieden, auf den alltäglichen Komfort zu verzichten und das ganze Jahr über in seinem kleinen hölzernen Haus zu wohnen. Auf der Ladefläche eines 40 Jahre alten Mercedes-Transporters hat der wendige Zimmerer das 2 mal 3 Meter große Domizil aufgebaut, das er jederzeit wieder wegschrauben kann. »Plan hatte ich keinen«, erzählt Berthold, während er wieder einmal die Luft am vorderen rechten Reifen mit dem Kompressor aufpumpen muss. »Das war eher Performance-Zimmerei mit der Kiste«, erinnert er sich, »ich hatte wenig Zeit, wenig Geld und musste alles alleine machen.« Aber wie bei einem Samen, den man in die Erde steckt, ihn regelmäßig gießt und die Sonne darauf scheinen lässt – so organisch, so selbstverständlich wuchs das fahrende Häuschen heran, wurde beziehbar und richtig schön.

Dennoch – nach fünf Jahren Wohnen in seiner Kiste weiß Berthold, was er nächstes Mal besser machen wird. Eigentlich sind die seitlichen Fenster zu tief und für ihn sogar unnötig, weil er die Vorhänge sowieso meistens geschlossen hat. Obwohl er das Häuschen mit einer vier Zentimeter dicken Schicht Holzwolle isoliert hat, kühlt es im Winter zu schnell ab. Einzig die Höhe des Wagens von drei Metern passt: So kann Berthold unter allen Brücken hindurchfahren. »Wenn ich das Häuschen höher gemacht hätte, dann hätte ich mehr Wohnfläche – aber dann fährst du ja wie mit einer Schrankwand durch die Gegend«, lacht er amüsiert.

In den letzten fünf Jahren hat Berthold mit seiner Kiste etwa 130 000 Kilometer zurückgelegt. Von 2014 bis 2016 ist er mit seiner damaligen Freundin sogar zwei Jahre lang durch Iran, Pakistan, Indien und Nepal gereist, eine Strecke von 30 000 Kilometern. Oft auf unwegsamen Straßen und in verlassenen Gegenden. Sein hölzernes Schnecken-

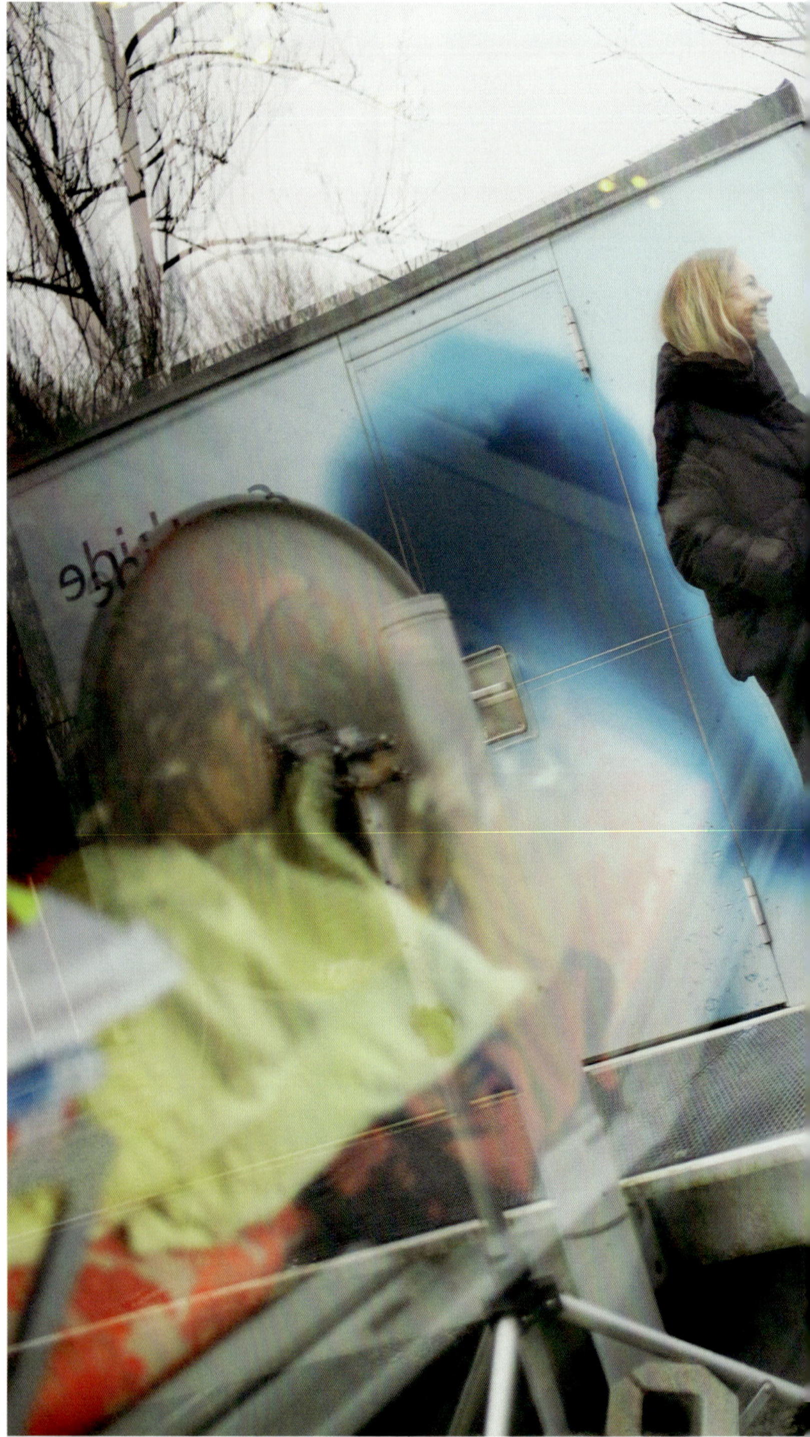

haus kann er überallhin mitnehmen. Es gibt Zeiten, in denen er jede Nacht an einem anderen Ort schläft. Das entscheidet er immer wieder aufs Neue, spontan. Ob Kathmandu, Mumbai, Herrsching oder Starnberg – Berthold lässt sich nirgends festnageln. Das ist seine Form von Freiheit. In seiner Kiste ist er überall zu Hause.

»Ich fühle mich sehr hingezogen zu den Sinti und Roma«, erzählt er, während er jetzt am frühen Morgen seine Kaffeebohnen mit einer altmodischen, grün lackierten Kaffeemühle mahlt. »Ich kann mir gut vorstellen, wie das ist, getrieben zu sein«, unterbricht er seine Tätigkeit, um den frisch gemahlenen Kaffee aus dem Schübchen in die kleine Espressomaschine zu füllen. Bei der »Gypsy Music« bekommt Berthold Gänsehaut, zur Kultur des fahrenden Volkes hat er eine tiefe Verbindung. Ohne festen Wohnort, ungebunden, frei und stolz – das sind die Sinti und Roma für ihn. Während die Kaffeemaschine auf der kleinen Gasplatte vor sich hin brodelt, sinniert er über seine eigene Lebensform nach. »Ich hab schon Probleme mit Sesshaftigkeit«, sagt er und gießt sich den ersten Kaffee an diesem Morgen in seine große Tasse. Ohne Kaffee geht gar nichts bei Berthold; wenn er mal darauf verzichten muss, ist sein Tag komplett ruiniert. Nach dem genüsslichen ersten Schluck sinniert er weiter: »Ich glaube, ich kann gar nicht mehr in einem Haus wohnen, ich finde Mauern mittlerweile beengend.« Lange blickt er aus seinem kleinen Fensterchen. Seine Aussicht ist heute ein grüner Wiesenhügel und ein alter großer Baum direkt neben dem Parkplatz. »Es ist unheimlich schön, wenn du abends im Dunkeln irgendwo ankommst und dann morgens aufwachst, rausschaust und ganz woanders bist und trotzdem daheim.« Das ist seine Form von Freiheit.

Berthold bezeichnet sich selbst als Vagabund, ganz bewusst. Eigentlich erstaunlich, weil der Begriff meistens abwertend gebraucht wird. Dabei ist Vagabund eigentlich ein Begriff, der eher wertneutral ist. Er leitet sich von dem lateinischen Wort »vagari« – »umherschweifen« – her. Vagabund ist eines der seltenen Worte, die in vielen europäischen Sprachen fast identisch sind. Ob *vagabond* im Englischen, *vagabondo* im Italienischen, *vagabond* im Französischen oder *vagabundo* im Spanischen – am Wortstamm ändert sich kaum etwas. Schlägt man im Duden nach, ist man erst mal erstaunt über all die negativen Synonyme, die hier aufgeführt werden: Landstreicher, Obdachloser, Sandler, Streuner, Herumtreiber, Penner, Wohnsitzloser. Wandersmann ist die einzige positive Bedeutung, die das deutsche Wörterbuch dem Begriff abgewinnen kann.

Im Deutschland der 1920er-Jahre war der Vagabund einfach nur ein armer Mensch der Unterschicht ohne festen Wohnsitz, der durch die Lande zog – auf der Suche nach Arbeit. Mehr erst mal nicht. Aber im Nationalsozialismus nahm die Verachtung für diese mittellosen und nicht greifbaren Menschen richtig Fahrt auf: Mit der Machtergreifung 1933 fanden die ersten »Bettlerrazzien« statt, mit denen man Wanderer, Bettler und Wohnungslose aufgriff und in provinzielle Arbeitshäuser steckte – Spezialgefängnisse für genau diese Bevölkerungsgruppe. Sie galten als asozial, minderwertig und im Sinne der Rassenhygiene als zu eliminieren. Zwangssterilisationen und ab 1938 auch Deportationen in Konzentrationslager sollten das »arbeitsscheue Gesindel« aus dem deutschen Volk entfernen.

Das wohnungslose Leben von Berthold, sein Vagabundentum, wird von manchen Leuten in seiner Umgebung respektiert, von anderen weniger. Diese Erfahrung hat er schon öfter gemacht. Er selbst fühlt sich nicht aus Außenseiter oder Aussteiger, sondern im Gegenteil eher mittendrin in der Gesellschaft. Er zahlt Auto- und Krankenversicherung, die Miete für seine Werkstatt, alles ganz selbstverständlich. Seine Post lässt er sich an die Werkstatt schicken, auf sein altmodisches Handy schaut er auch ein paarmal täglich. Also alles ganz normal – und doch wieder nicht. Denn Berthold gönnt sich unerhörten Luxus: Er nimmt sich viel Zeit für die alltäglichen Dinge, und sei es nur das Erhitzen von Wasser im Winter, bloß damit er sich die Zähne anschließend mit warmem Wasser putzen kann. Und für die penible Ordnung in seiner Kiste, damit er besser auf dem wenigen Platz zurechtkommt. Auch bevor er losfährt, braucht er länger als andere Menschen, weil er erst alle beweglichen Dinge festbinden oder festhaken muss. »Ich kann nicht den Zigarettentabak, Handy oder Bücher rumliegen lassen«, erklärt er. »Wenn ich dann losfahre, landet alles auf dem Boden.« Auch die Schubläden in seiner winzigen Küche sichert er mit einem kleinen Eisenhäkchen, und die alten Emailwaschschüsseln, die er für den Abwasch braucht, werden mit einem großen Gummi an Ort und Stelle gehalten. Und wer möchte denn riskieren, dass eine volle Olivenölflasche auf seinem Wohnzimmerboden zerschellt? All das kann bei einem fahrenden Zuhause schnell passieren, und das 365 Tage im Jahr. »Ich brauche mehr Zeit als andere«, sagt Berthold, während er seine Kiste mit vielen Handgriffen startbereit macht. »Anstrengend ist das aber nicht. Nur wenn du pünktlich um sieben Uhr morgens in einer Firma stehen musst, dann ist es stressig.«

Der letzte Handgriff ist das Zusperren der kleinen hölzernen Tür an seinem Minihaus. Dann hüpft Berthold wendig von der Ladefläche und geht zu der Fahrertür seines alten Vehikels. »Das letzte Mal in einem Haus gewohnt habe ich vor zehn Jahren«, erzählt Berthold, während er sich eine Zigarette für die Fahrt anzündet. Und angestellt gearbeitet hat er zuletzt vor zwanzig Jahren. Der 51-jährige Zimmermann mit den Dreadlocks liebt die Freiheit, über sich selbst zu bestimmen. Ohne viel Zwänge, nicht abhängig von anderen Menschen. Aber er weiß auch, dass ihn seine Kindheit, seine Vergangenheit zu dem gemacht haben, was er heute ist.

Geboren wird Berthold 1968 in Celle als Sohn eines Kohlenhändlers. Der Vater ist schon 67 Jahre alt und hat bereits drei große Kinder aus der ersten Beziehung, als das Nesthäkchen auf die Welt kommt. Erwünscht ist der kleine Junge mit den dunklen Augen nicht. Da seiner Mutter die Energie fehlt, sich angemessen um ihn zu kümmern, wird Berthold zum Wanderpokal. »Ich wurde in meiner Kindheit nur von A nach B geschoben«, erzählt er nüchtern. »Ich hatte nie einen Ort, wo ich zu Hause war.« Erst kommt er zu seinem Onkel, dann zu seinem alten Vater – als dieser dann verstirbt, zu den älteren Geschwistern, dann nur noch in Pflegefamilien. Selbst gründet der attraktive Handwerker nie eine Familie. Es fällt ihm schwer, Vertrauen zu fassen. Die Vorstellung, dass eine Ehe, ein Arbeitsverhältnis oder auch Wohnen beständig und stabil sein können, ist ihm völlig fremd. Fast vierzig Mal ist Berthold in seinem Leben umgezogen. Seit fünf Jahren wechselt er fast täglich den Standort mit seiner Kiste.

Es ist schon ein eigenartiges Bild, wenn Berthold mit seinem blauen Mercedes-Transporter und seinem selbst gebauten Holzhäuschen durch die Landschaft fährt. Mitten durch Neubaugebiete mit protzigen Toskanavillen, an mächtigen Bauernhöfen vorbei und auch an monotonen Gewerbegebieten mit klotzigen Firmengebäuden. Eine bescheidene Hütte auf vier Rädern, ein kleiner schlanker »David« inmitten von all den raumfüllenden »Goliaths« der Bau- und Wohnkultur.

Dieser Hunger nach Platz, nach Wohn- und Gewerbeflächen und mehr Straßen frisst in Deutschland die unbebauten Flächen auf. Etwa 62 Hektar werden täglich als »Siedlungs- und Verkehrsfläche« ausgewiesen, so nennt man das im Fachjargon. Das ist etwa die Größe von 88 Fußballfeldern, die der Land- und Forstwirtschaft entnommen wird. Eine bedenkliche Zahl, denn Fläche ist eine Ressource, die nicht unendlich verfügbar ist. Wenn der Verbrauch in diesem Umfang weitergeht, dann droht bis zum Jahr 2030 – so das Umweltbundesamt – ein Verlust von 3000 Quadratkilometern Landschaft, eine Fläche größer als das Saarland. Spinnt man das Szenario noch weiter, würde Deutschland bei gleichbleibendem Flächenverbrauch in 750 Jahren nur noch aus Siedlungen und Straßen bestehen. Eine schöne Aussicht, ein Blick in die Landschaft wäre dann nur noch in den Bergen oder am Meer möglich, die sozusagen »unverbaubar« sind. Diese bedrohliche Entwicklung möchte auch die Bundesregierung mit ihrer Nachhaltigkeitsstrategie stoppen. Sie hat sich zum Ziel gesetzt, den Flächenverbrauch bis 2030 von 62 auf 30 Hektar pro Tag zu verringern. Bis 2050 möchte man den Flächenverbrauch sogar komplett auf null einfrieren.

Das ist allerdings noch Zukunftsmusik: Denn oft weht zum Beispiel in Neubaugebieten noch der alte Geist. Je reicher, desto größer wird gebaut. Da fällt Bertholds bescheidenes Häuschen mit seinen 6 Quadratmetern Wohnfläche angenehm aus der Reihe. Aber er verzichtet dort auch auf sehr viel Komfort wie Bad, Toilette, Heizung, Kühlschrank oder warmes Wasser. Das Wasser holt Berthold sich in einem großen blechernen Kanister einmal pro Woche auf Friedhöfen, Tankstellen oder auch in seiner Werkstatt. Heute Vormittag führt ihn der Weg durch die vielen Alpenveilchen, Chrysanthemen und fleißigen Lieschen des dörflichen Friedhofs einer kleinen Gemeinde im oberbayerischen Landkreis Landsberg. Wo normalerweise Senioren ihre grünen Plastikgießkannen auffüllen, steht heute ein hochgewachsener Mann in Zimmermannshose mit langen Dreadlocks. Eine auffällige Erscheinung in der barock-süddeutschen Kulisse.

Bertholds Dreadlocks sind ein Statement hier mitten auf dem Land. Aber blickt man in die Historie zurück, waren Dreadlocks seit Jahrtausenden ein Zeichen für Stärke und Überlegenheit: So sagte Julius Cäsar beispielsweise über die Germanen, sie hätten »Haare wie Schlangen« gehabt. Auch im Hinduismus sind Dreadlocks tief in der Tradition verankert. Die Göttin Shiva zeigt ihren Kopf stets mit Filzlocken verziert. Die Sadhus – die »heiligen Männer« – sind ebenfalls bekannt für ihre langen verfilzten Haare. Eines der ältesten Beispiele ist aber der ägyptische Pharao Tutanchamun, der angeblich auch schon Dreadlocks getragen haben soll.

Auf jeden Fall ist Berthold ein Hingucker inmitten der schweren schwarzen Grabsteine, die mit dicken Grabschriften aus Bronze, Aluminium oder Edelstahl verziert sind. »Ich komme mit zwanzig Liter Wasser pro Woche aus«, sagt er, während er seinen Kanister in das große Becken aus Granit eintaucht. »Zähneputzen, Kaffee, Waschen – mehr brauche ich nicht.« Nur drei Liter Wasser täglich gönnt er sich: »Großes Duschen oder Waschen ist da aber nicht dabei. Aber« – er lacht – »es hat sich noch keiner beschwert, dass ich stinke.«

Den gefüllten schweren Kanister trägt der muskulöse Mann mühelos zurück zu seinem Transporter, den er auf dem Friedhofsparkplatz abgestellt hat. Unter den blechernen weißen Waschschüsseln kommt der Kanister auf seinen festen Platz. Heute muss Berthold auch noch seinen bescheidenen Einkauf aus dem Dorfladen einräumen. Und wie macht man das, wenn man keinen Kühlschrank und fast keine Regale hat? Jede Hausfrau würde verzweifeln, aber Berthold antwortet auf solche Fragen nur mit einem lässigen Grinsen. »Einfach frisch einkaufen, überlegen, was man kocht – dann passt das«, antwortet er knapp, während er Milch und Joghurt in eine kleine graue Vorratskiste legt. Die Butter kommt in eine Dose aus Ton, die er vorher in kaltes Wasser gestellt hat. So kühlt der Ton die Butter, die bis 20 Grad Außentemperatur fest bleibt. Im Hochsommer allerdings muss Berthold sie flüssig auf das Brot schmieren.

Unter seinem Hochbett hat Berthold einen bunten Vorhang. Wenn er ihn zurückzieht, blickt man direkt in seinen »Keller«, wie er diese Fläche nennt. Aber eigentlich öffnet sich hier eine Art »Kasperltheater der Dinge«. So wie der Kasperl gegen die böse Hexe oder das gefräßige Krokodil kämpft, so wehrt sich Berthold hier mithilfe von zwölf großen Plastikkisten gegen die Übermacht der Dinge, die sich immer wieder ausbreiten wollen. »Ich besitze immer noch zu viel«, seufzt Berthold, während er den Vorhang aufhält. Kleider, Bücher, CDs, Mehl, Gewürze und sogar ein Spätzleblech lagert er hier auf eineinhalb Kubikmeter. Das ist sein ganzer Besitz, und das reicht ihm auch. Und ebenso, wie der tapfere Kasperl sich mit dem hölzernen

Stock gegen das Krokodil wehrt, das ihn zum Mittagessen verschlingen will, genauso überlegt Berthold bei jedem Ding immer wieder, ob er es wirklich noch weiter aufbewahren will. Bei Bekannten hat er nichts mehr gelagert, dort hat er alle Kisten aufgelöst, nur in seiner Werkstatt gibt es noch eine Schachtel mit Fachbüchern für die Zimmerei. Trotzdem blickt er heute frustriert auf seine zwölf roten Kisten. »Ich sortiere ständig Sachen aus, weil ich noch weniger besitzen will. Was soll ich mit einer Jacke rumfahren, die ich nicht mehr anziehe, auch wenn sie noch gut ist«, sagt er, während er in seiner Kleiderkiste wühlt. Unnütze Dinge, das ist für Berthold »Larifari«. Wie sinnlos, Bücher aufzubewahren, die man nie wieder lesen wird. Und genauso wie der brave Kasperl am Schluss zusammen mit Seppl und Oma die Schlacht gegen das Böse gewinnt, genauso siegt bei dem genügsamen Berthold der Glaube, dass der Mensch gar keine Dinge nötig habe, um glücklich zu sein. »Ausgeglichen und zufrieden sein, respektvoll miteinander umgehen – das braucht der Mensch«, so lautet seine Philosophie des Minimalismus.

In seiner Genügsamkeit erinnert der Zimmermann ein wenig an Diogenes, den bekanntesten Vertreter des Kynismus. Diese philosophische Strömung entstand etwa im 4. Jahrhundert vor Christus und hat ihren Namen von Kynosarges, einem der drei Gymnasien im antiken Athen. Dort lehrte Antisthenes, der die kynische Philosophie begründete. Seine Anhänger entsagten der Gier nach Geld und Dingen und lebten ihre Idee von Freiheit radikal. So ist von Diogenes eine Geschichte überliefert, in der er einem Kind begegnete, das gerade aus seinen kleinen Händen trank. Sofort soll er begeistert seinen einzigen Becher weggeworfen haben mit den Worten: »Ein Kind ist mein Meister geworden in der Genügsamkeit.« Der freche und ungewöhnliche Philosoph wollte nur das Nötigste besitzen, um möglichst frei zu leben. Von ihm ist auch überliefert, dass ihm jeder Ort recht war zum Frühstücken, Schlafen, für die Unterhaltung und auch zur Befriedigung seiner Gelüste. Letzteres aber erregt durchaus Ärgernis in der Öffentlichkeit, als er einmal mitten auf dem Stadtplatz onanierte.

Dass Diogenes in einer Tonne lebte, war die Demonstration seiner Bedürfnislosigkeit und gleichzeitig eine Provokation für alle Passanten. Immer wieder muss er auch darauf hingewiesen haben, wie abhängig Geld und Besitz machen würden. Es sei doch unglaublich, dass man für wenig Geld lebenswichtige Dinge wie Getreide kaufen könne und für unwichtige Dinge wie Schmuck oder Kunst viel Geld nötig seien – an diesen Sachverhalt erinnerte er seine Zuhörer gerne. Reichtum definierte der geld- und wohnungslose Philosoph, ein Performance-Künstler seiner Zeit, ganz anders, nämlich als die Freiheit von Bedürfnissen und Dingen sowie die Freiheit, entscheiden zu können, was einem wirklich wichtig ist.

Auch Berthold hat sein bescheidenes Leben aus freien Stücken gewählt. Und das macht für ihn den großen Unterschied: »Es kann keine Armut bei mir sein, weil ich es frei gewählt habe, dass ich weniger möchte und brauche.« Auch das Leben auf so wenig Raum ist seine freie Entscheidung, deren Konsequenzen er nicht mehr missen möchte. Keiner hat ihn dazu gedrängt. Aber das ist auch kaum möglich bei einem wie ihm, denn der Zimmermann hat seinen ganz eigenen Kopf.

Inzwischen hat Berthold seine Einkäufe in dem Minihäuschen verräumt. Er kommt zur Ruhe – allzu viel Unruhe kann er sich bei der räumlichen Enge sowieso nicht leisten. Seine selbst gedrehte Zigarette in der Hand, die Beine übereinandergeschlagen, den Blick auf die freie Landschaft, die satten bayerischen Wiesen, wirkt er beinahe ein wenig abwesend, als würde er meditieren. Auch wenn er mit seinem Schneckenhaus oft den Schlafplatz wechselt, fühlt er sich in dieser Gegend doch zu Hause.

Zug für Zug wird die Zigarette kleiner. Der Rauch steigt in die Luft. Es ist absolut still. Schaut man jetzt jemandem zu, der unter der Armutsgrenze lebt? Und das auch noch freiwillig? Einem Aussteiger? Einem Sonderling? Möglicherweise könnte man all diese Fragen mit einem Ja beantworten. Aber wie sieht sich Berthold selbst? »Ich habe nicht das Gefühl, dass ich mal alleine in einem rumänischen Altersheim vor mich hinvegetiere«, sagt Berthold und nimmt den letzten Zug. »Dazu bin ich zu reich an Freunden, an Geist, an Spaß am Leben – und das Schöne ist, diesen Reichtum kann mir keiner nehmen.«

SAN MARCO
KONSTANTINOPEL

# MARIA – MIT LIEBE ZUM DETAIL

## 85 m², Kleinbauernhaus

Über Farben hat sich die Malermeisterin Maria unendlich viele Gedanken gemacht. Nun kann man natürlich sagen, das ist ja auch ihr Beruf. Aber sie ist dabei so minutiös und gleichzeitig liebevoll ausufernd wie nur wenige Handwerker. Seit 2008 besitzt Maria ein kleines denkmalgeschütztes Haus in einem oberbayerischen Landkreis. Die Prüfung als Maler- sowie auch als Vergoldermeister hat sie als Beste in Bayern bestanden und dafür eine Goldmedaille erhalten. Darauf ruht sich die stille Maria aber nicht aus, sie posaunt auch nicht überheblich damit rum. Sie nutzt vielmehr die Kraft, die ihr dieser Erfolg gibt, für die Umsetzung ihres Wunsches, Restaurierung zu studieren.

Die 42-Jährige mit dem fein geschnittenen Gesicht schaut selbst aus, als wäre sie einem Bild von einem alten holländischen Meister entsprungen. Ihre Hände sind zart und gepflegt, aber man sieht ihnen an, dass sie handwerkliches Arbeiten gewohnt sind. Und wenn sie singt, ist ihre

Stimme glasklar, aber nie schneidend, sondern ganz weich und rein wie eine Knabenstimme.

Ihr Alter sieht man Maria nicht an. Dass sie schon drei erwachsene Söhne hat, ist kaum zu glauben. Ihr viertes Kind ist ihr Kleinbauernhaus, das über 300 Jahre alt ist. Über das sogenannte »Weberhäusl« existieren fast keine Archivalien wie Urkunden oder alte Fotos. Vielleicht weil solche Häuschen früher ganz gewöhnlich und völlig unspektakulär waren. In Marias Haus haben einst auch Handwerker gewohnt, zuletzt eine alte Schneiderin. Von ihr hält sie ein kleines schlichtes schwarzes Kreuz in Ehren, eines der wenigen Dinge, die an ihre Vorgänger hier erinnern.

Jahrhundertelang waren winzige Häuser eher ein Symbol für Armut. Im alpinen Raum gibt es auch das Wort »Kleinhäusler«; so nannte man den Besitzer eines kleinen Hauses, der kaum Acker zum Bewirtschaften hatte. Eine Kuh, zwei Ziegen, ein paar Hennen – meist im Haus gehalten – mussten das Fortkommen der Familie sichern. Seit dem 17. Jahrhundert waren Kleinhäusler verpflichtet, Frondienste für ihren Herrn zu leisten. Später wurden daraus Tagelöhner- oder Knechtdienste, die sie bei Bauern erbringen mussten. Kleinhäusler standen in der sozialen Rangordnung weit unten, in der Kirche oder im Wirtshaus war ihr Platz meist in den hintersten Reihen. Mit der Mechanisierung der Landwirtschaft und der Industrialisierung wurde das Kleinbauerntum überflüssig. Der Kleinhäusler als sozialer Stand hatte sich überlebt.

Somit verschwanden auch viele kleine Häuschen mit geringer Wohnfläche und ohne jeglichen Komfort aus dem Ortsbild.

Maria ist schon als Schulkind gerne an diesem Häuschen vorbeigelaufen und hat neugierig und ein wenig ängstlich zugleich versucht, einen Blick durch die alten Fenster ins Innere des Hauses zu erhaschen. Mit ihrer blühenden Fantasie stellte sie sich vor, wer in diesem Minihäuschen mit seinen schiefen Fenstern, den verwitterten Holztüren, den alten vermoosten Ziegeln wohl wohnen könne. Das kleine Mädchen neigte sowieso zu Tagträumereien – eine Flucht aus dem Alltag, unter dem sie als extrem schüchternes Kind litt. »Ich konnte mir nicht einmal eine Limo bestellen, so schlimm war das.« Heute kann Maria über diese Zeiten lächeln.

Ihre Mutter ist Hauswirtschaftslehrerin, ihr Vater war Weltreisender. Wissbegierig hilft Maria als Kind beim Kochen, denn sie liebt die vielen Farben und Formen der Lebensmittel, die intensiven Gerüche, den guten Geschmack. Eine Leidenschaft, die sie noch immer begleitet: Ab und zu wird Maria als Köchin von großen Gesellschaften engagiert, die ihre Kochkunst schätzen. Beruflich zieht es das junge Mädchen damals aber in eine andere Richtung: Eigentlich möchte Maria an der Kunstakademie in München studieren, aber dafür ist sie zu schüchtern – ein »Landei«, das sich nicht viel zutraut. So fängt sie von ganz unten an und absolviert erst mal die Malermeisterlehre, dann noch die Ausbildung zum Vergolder- und

Kirchenmalermeister. Tag und Nacht übt sie Lackierungen, Grundierungen, verschiedene Methoden des Vergoldens. Belohnt wird sie dafür am Ende mit der Goldmedaille der Handwerkskammer und einem dreimonatigen Stipendium in Venedig, wo sie die Ausbildung zum Restaurator im Handwerk absolviert.

Über all diesen Aktivitäten verlor Maria das alte Häuschen lange Zeit aus den Augen, bis sie vor zehn Jahren zufällig erfuhr, dass es zum Verkauf stand. Bei dem anonymen Bieterverfahren konnte sie das denkmalgeschützte Kleinbauernhaus von ihrer Heimatstadt kaufen. Ein Kreis schien sich zu schließen: der Weg, der sie jahrelang von den verschiedensten Handwerksbetrieben über Venedig bis zum Deutschen Museum führte, wo sie Ausstellungsstücke restaurierte, endete wieder in den Träumereien ihrer Kindheit, in diesem Häuschen. »Das ist ein totaler Zufall, dass ich genau dieses Haus, was ich seit meiner Kindheit kenne, herrichten durfte«, sinniert Maria, während sie bekleidet mit einer blauen Arbeiterlatzhose in der Küche Leimfarbe anrührt. In stilvollen chinesischblauen Keramikschüsseln wirken die schlichten Zutaten Leim, Kreide und Wasser geradezu wertvoll. Wie eine Alchimistin schüttet sie nach einem geheimen Rezept etwas Champagnerkreide und ockerfarbenes Pigment in das Wasser. »Ich bin froh, dass ich so kleine Räume habe. Die kann ich besser kontrollieren, pflegen und besser erhalten«, sagt sie und rührt weiter. »So große Räume, die würden mir vielleicht über den Kopf wachsen.«

Zehn Jahre Renovieren liegen jetzt hinter ihr. Ein steiniger Weg, der ihr ab und an geradezu unbezwingbar erschien. Sie hatte ein Haus gekauft, in dem die Wände mit mehreren Schichten Tapeten überklebt waren, die Elektrik abenteuerlich verlegt und im Dachstuhl Wasser eingedrungen war. Wo zuerst beginnen? »Zwischendrin war ich so am Ende, dass ich gedacht habe, dass ich es überhaupt nicht schaffe«, erzählt Maria, während sie die gesiebte Leimfarbe mit Pinsel und Schablone auf die Wand im Dachstuhl tupft. Während der ersten sechs Jahre kann sie überhaupt nicht in dem Häuschen wohnen. Die Renovierung gestaltet sich wesentlich komplizierter, als sie gedacht hat. Das jahrelang in das verschachtelt gebaute Dachgeschoss eingedrungene Wasser hat die Bausubstanz erheblich beschädigt. Geeignete Handwerker für einen maroden Dachstuhl zu finden, der noch dazu unter Denkmalschutz steht, kostet Zeit. Die alten Handwerkstechniken beherrscht nicht jeder. Dazu kommt auch noch, dass Marias Haus so klein ist. Bei Handwerkern haben natürlich große Häuser und große Aufträge Vorrang.

»Ich hab mich wirklich bemüht und so schnell wie möglich gemacht, aber schneller ging es nicht.« Maria schüttelt den Kopf, sodass ihr Pferdeschwanz fast empört hin und her wippt. Maria ist Perfektionistin durch und durch. Eine Handwerkerin, der nichts gleichgültig ist. Vielleicht hat sie deshalb so lange gebraucht, um dieses Häuschen zu renovieren. »Jedes Detail ist mit einem anderen Detail verbunden«, erzählt sie. »Das ist schön und schwierig zugleich, weil jedes Detail zum anderen Detail passen muss.« Schnelle und pragmatische Entscheidungen hat sie nicht gefällt, sondern ihrem Geschmack, ihrer Fachkenntnis und auch ihrer Begabung den Vortritt gelassen. Sie besucht viele Freilandmuseen, studiert dort den historischen Innen- und Außenputz, die mundgeblasenen Fenstergläser, die alten Elektroleitungen. Und nach und nach setzt sie das Gesehene und das gewonnene Wissen in ihrem Haus um. Am Ende so perfekt, dass sie dafür zweimal bundesweit geehrt wird mit dem Bundespreis für Handwerk in der Denkmalpflege und mit dem Denkmalpreis der Hypo-Kulturstiftung. Gelobt wurde von der Jury des Denkmalpreises, dass Maria mit sehr bescheidenen Mitteln und großem persönlichen Engagement ein schönes Zeugnis profaner Baugeschichte retten konnte.

Der offene Dachstuhl mit den uralten Balken ist heute eines der Prachtstücke ihres Hauses. Und er vergrößert ihre Wohnfläche auf stolze 85 Quadratmeter. Früher hatten die Bewohner und ihre teils großen Familien in diesem Haus nur das Erdgeschoss mit seinen drei kleinen Zimmerchen zu Verfügung. Das heutige Wohnzimmer, das etwa 12 Quadratmeter groß ist, war damals das Austragsstüberl für die ältere Generation, in dem diese mit ihrem ganzen Besitz lebte. »Ich habe mir schon drei Millionen Gedanken gemacht, wie viele Leute in dem Haus waren, wie sie sich gefühlt haben, was es zu essen gab, wie es gerochen hat und was sie sich gedacht haben«, berichtet die Handwerkerin. Ein altes Haus birgt eben viele alte

Geschichten, schöne und traurige. Jetzt beherbergt es die sanfte Maria, die zudem hochsensibel ist, vor allem in Bezug auf Sinneseindrücke. Musik, Stimmen, Töne, Gerüche, Geschmack, aber auch Licht, Farben, Formen und Muster nimmt sie besonders intensiv wahr. Wie ein Fotoapparat, der die Wirklichkeit extrem hochauflösend ablichtet, kennt sie fast jede Stelle ihres kleinen Häuschens. Aber obwohl es vielleicht absurd anmuten mag, lässt sie noch Ecken übrig, wo sie absichtlich nicht so genau hinschaut. Damit sie immer noch etwas zum Entdecken hat. Und wenn es nur winzige Wellen im Innenputz sind. Für andere Leute mag das Humbug sein, aber für Maria ist es ein weiterer Anlass zum Schauen und Träumen. Sie sieht die Geschichten hinter jedem Detail. Vielleicht putzt sie die alten Solnhofener Fliesen, die sie im Hausgang verlegt hat, deshalb am liebsten auf den Knien. Dann kann sie jede einzelne Fliese besser wahrnehmen und auch das Leinöl intensiver riechen, das sie mit einem weichen Lappen aufträgt. »Wenn man die Fliesen wischt, dann werden die Farben noch intensiver«, erzählt sie, während sie auch diesmal in ihrer blauen Latzhose auf dem Boden kniet. Grün, Gelb, Rosa entdeckt sie dann in dem alten Stein. Und sie sieht die unterschiedlichen Kanten, denkt an die Menschen, die diese Steine einst herausgeschlagen haben. Das mag alles für Außenstehende verrückt klingen, aber Mariechen – so nannte man sie als Mädchen – besitzt fünf Sinne, die besonders fein ausgeprägt sind. Natürlich macht ihr das manchmal das Leben schwer. Aber auf der anderen

Seite auch wieder unendlich reich. Sich mit Maria zu unterhalten ist eine Reise. Eine Reise zu feinen Farben, tiefen Gefühlen, großer Sinneslust und in eine ganz eigene Gedankenwelt.

Ein weiterer Grund, weshalb Maria kleine Räume so gerne mag, ist wohl auch der, dass sie darin jedes Detail ganz ruhig und genau betrachten kann. Die Dinge, die in ihrem Häuschen stehen, kennt sie bis in alle Feinheiten. Sie behauptet sogar, dass sie jede Vase, jede Figur, jedes Bild täglich bewusst wahrnimmt, und sagt: »Ich sehe die Gegenstände und finde sie jeden Tag toll. Dass da etwas steht und ich sehe es nicht, passiert bei mir nicht.« Deshalb sucht sich Maria genau aus, was in ihren Zimmern einen dauerhaften Platz bekommt. Manchmal verbannt sie Sachen auch wieder aus ihren Räumen, weil sie die Harmonie der Farben stören. Wenn zum Beispiel die gekaufte Petersilie zu dunkelgrün-dominant in der Küche steht, die Maria eher in Blautönen gehalten hat, wird sie ihr manchmal zu viel. Farbliche Dissonanzen kann sie nur schwer aushalten.

Ihren ausgebauten Dachstuhl hat sie ganz bewusst in dezentem Graublau gehalten. Hier hat ihr Freund Frieder, ein ruhiger Journalist, der nebenbei Geschichte studiert, sich an einem winzigen Tisch seinen Arbeitsplatz eingerichtet. Die wenigen Möbel, die Maria besitzt, sind auffallend zierlich. Es ist ziemlich schwer, passende Sachen für ihr Häuschen zu finden. Was von außen ganz harmlos ausschaut, dominiert im Inneren fast monsterhaft, wie Maria es ausdrückt, den ganzen Raum. Gut, dass sie ein

Faible für kleine Sachen hat: wie Mosaike aus winzigen Glasstückchen oder Fenstergläser mit vielen kleinen Luftbläschen. Sachen, die sich dann gerne ausbreiten dürfen und für den genauen Beobachter ihren Charme offenbaren.

Vielleicht ist Minimalismus eben nicht nur, in kleinen Häuschen zu wohnen und wenig Dinge zu besitzen. Sondern auch, den eigenen Blick für kleine Welten zu öffnen, sie zu entdecken. Welten, die leicht untergehen im Alltag. Maria zum Beispiel liebt auch schöne Wörter. Weil ihr das Wort »papieren« neulich so gut gefiel, hat sie davon inspiriert ein Bild gemalt. In ihren feinen asiatischen Schüsselchen hat sie Wachteleier mit Balsamterpentinöl zu einer Tempera vermischt und ein blaues Bild gemalt, auf dem ein Mädchen mit langen Haaren nach einem gefalteten weißen Papierstern greift. Cremeweiß und graublau, so klingt bei Maria das Wort »papieren« als Farbe. Hochsensible wie Maria können oft synästhetisch empfinden, das heißt, sie können Wörter als Farben wahrnehmen, Musik ebenso. Wahrscheinlich singt Maria deshalb so gern mit ihrem Freund Frieder, der sie auf seiner Gitarre begleitet. Mit ihrer klaren mädchenhaften Stimme, die kaum Vibrato hat. Eines ihrer Lieblingslieder ist der etwas melancholische Song der britischen Band Radiohead mit dem Titel »No Surprises«:

*Such a pretty house, such a pretty garden*
*No alarms and no surprises, no alarms and no surprises*
*No alarms and no surprises, please*

Das kann man vielleicht folgendermaßen übersetzen:

*Solch ein schönes Haus, solch ein schöner Garten*
*Keine Gefahren und keine Überraschungen, keine Gefahren und keine Überraschungen*
*Keine Gefahren und keine Überraschungen, bitte*

Und wie Maria da sitzt in ihrem eisblauen Pullover und ruhig den Text intoniert, klingt alles hell, und eine Stimmung breitet sich aus wie an einem Nachmittag, an dem draußen dicke Schneeflocken fallen. Wo die Zeit stehen bleibt, ohne irgendwelche Irritationen, ohne Böses oder Gutes von außen. Geborgen in einem kleinen schönen Raum, in einem *»pretty house«*, das auch bei Maria von einem *»pretty garden«* umrahmt ist. Ein paar Minuten Ruhe in einer von Reizen übervollen Welt.

# ANDI – REBELL MIT PLAN

## 28 m², Lifthütte

Manchmal träumt man als Großstädter von einem Tal mit alten Hütten aus Holz, umringt von hohen Bergen, die Wiesen geschmückt mit gelben Bergblumen und gesunden braunen Kühen. Von Begegnungen mit Älplern, deren Gesichter von der frischen Luft und der Höhensonne wie das Gewand einer mittelalterlichen Madonna kunstvoll in Falten gelegt sind. Und von Einsamkeit, Vogelzwitschern, Bachrauschen und guter Luft.

Schade nur, dass auch viele andere Menschen genau diesen Traum haben und auf der Suche sind nach dem einfachen und unverfälschten Leben. Auch im Kleinwalsertal im österreichischen Bundesland Vorarlberg trifft man auf so einige Sinnsuchende. Diese Enklave, die rundum von hohen Bergen umgeben ist und insgesamt nur etwa 5000 Einwohner hat, kann man nur vom bayerischen Oberstdorf aus erreichen. Die Straße, die sich mühsam hochwindet, bringt jährlich die gewaltige Zahl von 300 000

Touristen in das kleine Tal, die etwa 1,7 Millionen Mal in 10 000 Gästebetten übernachten.

Jetzt, Anfang Oktober, liegt schon glitzernder Schnee auf den Gipfeln im Kleinwalsertal. Die ersten Sonnenstrahlen, die über den Berg klettern, kitzeln die Touristen aus ihren warmen Betten. Unten im Ort Riezlern warten an diesem Vormittag bereits Schwärme von Ausflüglern in quietschbunten Gore-Tex-Jacken und atmungsaktiven Wanderhosen auf ihre Gondel, die hoch zur fast 2000 Meter hohen Kanzelwand führen wird. Nicht ganz so Ehrgeizige fläzen dagegen bequem in den Liegestühlen der Cafés und schlürfen genüsslich ihren Cappuccino.

Schon zum dritten Mal besuche ich in dieser entlegenen, aber vom Massentourismus gezeichneten Region ein ganz besonderes Gewächs des Tals, eine eigensinnige Pflanze, die weder mit Stecken noch mit Spalieren zu bändigen ist. Der 40-jährige Andi ist im Kleinwalsertal aufgewachsen, spricht den Dialekt seiner Heimat und kennt viele Einheimische. Auf Kleidung legt er nicht viel Wert, Tracht würde er nur im Ausnahmefall tragen. Seine strahlend blauen Augen haben etwas Frisches, Unmittelbares. Und obwohl sein Dialekt manchmal Wörter verniedlicht und er »bizzele« statt »bisschen« sagt, ist Andi keiner, der seine Meinung weichspült. Er ist einer, der sich nicht verbiegen lässt, bloß damit er besser in einen Kleinwalsertal-Imagefilm passen könnte. Seinen ungewöhnlichen Lebensstil lebt er bewusst ganz offen. Er will gehört und gesehen werden, ihn soll keiner übergehen. Dafür ist ihm sein Anliegen, seine Mission zu wichtig.

Vor fünf Jahren habe ich Andi kennengelernt, als er in dem Verein Allgäuer Kräuterland eine halbjährige Ausbildung zum Selbstversorger machte. Ich sollte als Journalistin für den BR über diese Ausbildung berichten und war auf der Suche nach einem Anfänger, der zwar mit viel Idealismus und Energie, aber wenig Können und geringem Wissen die typischen Fehler, aber auch Fortschritte machen würde. Die Wahl fiel auf Andi, den damals noch etwas schweigsamen und schüchternen Älpler aus dem engen Tal. Seine Idee zu dem Zeitpunkt war ambitioniert: Innerhalb von zehn Jahren wollte er sich zu 90 Prozent selbst mit Lebensmitteln versorgen. Ganz alleine, ohne die Hilfe von Freunden und Familie. Aber warum?

Seinem Leben hatte er schon 2011 eine neue Richtung, neuen Schwung gegeben. Wie im Slalom hatte der sportliche Andi seit Jahren beruflich viele Tore umfahren: vom Schreiner, Küchenverkäufer, Älpler in der Schweiz bis hin zum Snowboardlehrer. Anfang März 2011 kam er dabei gewaltig ins Schleudern: Bei einem schweren Snowboardunfall brach er sich einen Wirbel und schied monatelang aus dem Arbeitsleben aus. Eine Zeit, in der Andi – fast bewegungsunfähig – zum Nichtstun und zur Langeweile verdammt war. Eine Woche nach diesem Unfall hörte er dann Meldungen über die gewaltige Atomkatastrophe in Fukushima. Ein Horrorszenario, das die

Umwelt jahrhundertelang verseuchen wird. »Das hat mich traurig und wütend zugleich gemacht«, erinnert er sich heute. Und obwohl noch immer zum äußeren Stillhalten gezwungen, fuhr der begnadete Skifahrer Andi jetzt auf seine innere Zielgerade ein: Er beschloss, diesen Wahnsinn zu stoppen und selbst aktiv zu werden – und sei es erst mal auch nur vor seiner eigenen Haustür. Hauptsache, anfangen!

Am meisten beflügelte ihn der ganzheitliche Ansatz der Permakultur, der in den 70er-Jahren von den Australiern Bill Mollison und David Holmgren entwickelt wurde. Es geht dabei um neue Systeme, die sowohl Menschen als auch Tiere und Pflanzen berücksichtigen. Der achtsame Umgang mit der Erde (*earth care*) sollte nachhaltig und mit einem Verständnis für Kreisläufe sein, die zur Natur passen. Daneben geht es auch um den achtsamen Umgang mit dem Menschen (*people care*), das heißt, dass man allen Menschen einen Zugang zu den natürlichen Lebensgrundlagen wie Nahrung oder Wasser verschaffen möchte. Wichtig ist auch die Bereitschaft, seine Bedürfnisse runterzuschrauben und Überschüsse, die man selbst im System erwirtschaftet hat, weiterzugeben.

Dieses umfassende Prinzip wollte Andi in seiner Heimat umsetzen, obwohl er kaum über gärtnerisches Wissen verfügte. Als Erstes überredete er seine Oma, ihm ein Grundstück zu geben. Ihre Wahl fiel auf die alte Lifthütte und das Terrain rundherum. Seit Jahren hatten die Großeltern ihren privaten Skilift nicht mehr betrieben, weil der

Schnee inzwischen viel zu oft ausblieb. Als Andi jetzt die hölzerne Hütte öffnete, in der sein Großvater viele Winter verbracht hatte, war sie voll mit alten Skibügeln, verrosteten Drahtseilen und staubigen Liegestühlen. Dieses 4 mal 7 Meter große Häuschen nutzt Andi jahrelang als Kräuter- und Gemüselager. Ab 2017 wird er ganz darin wohnen.

Am Anfang machten alle große Augen im Kleinwalsertal, als er erklärte, dass er hier auf 1100 Meter Höhe Gemüse und Obst anpflanzen wollte. Jeder glaubte, dass dieses Projekt zum Scheitern verurteilt sei, da die Vegetationsperiode wegen der hohen Lage nur von Juni bis September dauert. Auch der Boden, der humusarm und steinig ist, galt als ungeeignet. Die Landwirte, die allesamt hier nur Viehwirtschaft betreiben, belächelten ihn nur müde.

Diese Zeiten sind aber vorbei: Heute wird dieser »Spinner«, dieser alpine Gärtner gerne vom Tourismusbüro als Sehenswürdigkeit verkauft. Die Gartenführungen, die man einmal pro Woche bei ihm buchen kann, haben immer viele Teilnehmer. Seine Bioerzeugnisse sind begehrt bei den Einheimischen, die Wert legen auf frische, regionale und wohlschmeckende Produkte.

Seit 2012 hat Andi seinen Garten von 30 auf beachtliche 7000 Quadratmeter erweitert: Heute bilden das Zentrum vier große Beete, die er mit Trockensteinmauern eingefasst hat. Diese Mauern dienen als Wärmespeicher für seinen »Intensiv-Gartenbereich«, wie er ihn nennt, der ihm am meisten Arbeit macht. Belohnt wird er dafür mit einer reichlichen Ernte von Kartoffeln, Rüben, Bohnen, Mais, Zucchini und Gurken. In seinen Hochbeeten dagegen pflanzt Andi Kohlrabi und Zwiebeln an, die dort gut gedeihen. Rundherum haben auch Beerensträucher und Streuobstbäume ihren Platz. Ein eher seltener Anblick im Kleinwalsertal. Doch langfristig geht es Andi darum, auch diese Sorten hier zu etablieren und zu beweisen, dass sie sich an die Umgebung anpassen können und im Laufe der Jahre immer widerstandsfähiger werden. Am Rande seines Permakulturgartens bewirtschaftet er seit zwei Jahren auch noch ein Feld, auf dem er Früchte anbaut, die er später verkauft.

Andis Garten ist bunt, voller unterschiedlicher Farben und Formen, aber auch etwas wild und ungeordnet. Immer wieder findet man große Blühstreifen, die er für die Bienen gepflanzt hat. Überall surrt, schwirrt und summt es: Nicht nur Andi wohnt hier, sondern auch viele winzige Insekten, Käfer, Schmetterlinge und seltene Vögel. Ab und zu hört man auch lautes Gegrunze von den drei Bündner Schweinen, die Andi »gemietet« hat. Mit ihren Schnauzen betreiben sie »erstklassige Bodenpflege«, so berichtet mir Andi lachend über seine »Mitarbeiter«. Wenig Nutzen für den Garten allerdings haben die niedlichen Babyziegen, die Andi für seinen vierjährigen Sohn Levi angeschafft hat. Ein kleiner Streichelzoo für den semmelblonden Jungen, direkt vor der Haustür.

Als ich Andi im Oktober 2018 besuche, bietet der Garten einen etwas wüsten Anblick. Vor Kurzem hat Andi einen großen Erdwall aufschütten lassen, um den Garten vor Wind zu schützen. Wieder kann er einen wichtigen Schritt in seinem 10-Jahres-Plan, den er für sein Lebensprojekt entwickelt hat, abhaken. So hat er seine Vision von einem nachhaltigen Leben nach und nach umgesetzt. Er könnte sich eigentlich zurücklehnen und auf seinen Erfolgen ausruhen, aber das ist nichts für ihn. Schon bald will er seine nächsten Ideen wie einen Teich, ein Gewächshaus und einen Stall realisieren.

Direkt an seiner Lifthütte führt ein asphaltierter Wanderweg vorbei, an dem bei schönem Wetter immer wieder Touristen stehen bleiben, um sich den unkonventionellen Garten anzuschauen. Heute ist es ein älteres Ehepaar aus dem Taubertal, das den Permakulturgärtner erst vor Kurzem im Fernsehen gesehen hat. Anfänglich wagen die beiden nur neugierige Blicke über den Zaun, dann kommen sie allmählich Schritt für Schritt näher, versuchen den Gärtner zu entdecken, winken, dann rufen sie. Und weil Andi gutmütig und höflich ist, geht er ein paar Schritte auf sie zu. Mit den »Zaungästen«, wie er sie liebevoll nennt, entwickelt sich ein Gespräch, wie es oft bei ihm abläuft:

*Touristen*: »Gehören Sie zu dem Grundstück?«

*Andi (kurz angebunden)*: »Sozusagen.«

*Touristen (ermutigt)*: »Wir haben uns nicht angemeldet.« *(Das ist der Normalfall, denkt Andi sich.)* »Wir haben Sie in einer Sendung vom WDR gesehen, das war ja so interessant.« *(Jetzt kommen sie in Fahrt.)* »Wir beschäftigen uns nämlich schon länger mit Permakultur. Daheim hatten wir früher einen kleinen Bauernhof, den gibt es schon lange nicht mehr. Aber jetzt«, so beteuert die Frau, »haben wir ein Hochbeet angelegt und machen auch selbst den Kompost.«

*Andi (geduldig und interessiert)*: »Der Bodenaufbau dauert Jahre, aber davon hat die Gesellschaft etwas. Die Kleingärtner leisten einen riesigen ökologischen Beitrag. Aber ich mache die Arbeit im Garten auch für mich, dass ich einen vollen Bauch habe. Mir ist es ganz wichtig, dass bewusst konsumiert wird. So kann es nicht mehr lange weitergehen, ich bin überzeugt, dass wir ein paar Schritte zurücktreten müssen.«

*Touristen (beipflichtend)*: »Wir haben auch kein Verständnis dafür, dass so viele Lebensmittel weggeworfen werden.«

*Andi (überzeugt)*: »Wenn eine Milliarde Menschen hungern, wären schon ein paar neue Schulfächer sinnvoll.«

*Touristen (lenken vom Thema ab)*: »Sind Sie Selbstversorger?«

*Andi (etwas gelangweilt)*: »Davon bin ich noch Lichtjahre entfernt. Einen hohen Selbstversorgergrad schafft man nur, wenn es viele andere wie mich gibt. Mein Nachbar macht zum Beispiel Käse und Würste, und dann tauscht er es mit mir gegen Kartoffeln oder Salat. Als Einzelkämpfer geht das nicht. Bei mir könnte jeden Tag was auf dem Tisch sein, was aus dem Garten kommt. Aber ich esse auch gerne mal einen Döner oder Pizza.«

*Touristen (wechseln das Thema)*: »Wo wohnen Sie denn?«

*Andi (deutet auf die alte Lifthütte)*: »In dem Holzhüttchen bestreite ich meinen Alltag. Das ist nichts für verwöhnte Weicheier.« *(Touristen schauen betroffen.)* »Meine Generation kennt nur heißes Wasser und Strom aus der Dose. Aber ich war fünf Sommer auf einer Schweizer Alpe. Da habe ich gesehen, dass es anders geht, dass die Lebensqualität nicht schlechter, sondern besser ist.« *(Touristen schauen ungläubig.)*

Jetzt im Herbst hat Andi viele Besucher, die ihre langen Urlaubstage gerne mit einer Stippvisite bei ihm schmücken. Glücklicherweise kann er sich manchmal auf seine kleine, selbst gebaute hölzerne Veranda zurückziehen, wo kein Wanderer ihn entdecken kann. Dann fällt sein Blick lange auf den dunklen Wald und den gegenüberliegenden Berg, wo früher der Skilift seines Großvaters hinaufführte. Vor 50 Jahren vergnügten sich hier im Winter viele Touristen. Heute ist es still geworden auf diesem Platz. Eine Stille, die Andi genießt und braucht, obwohl er auch mit seiner Meinung, seiner Lebensführung bewusst in der Öffentlichkeit stehen will. »Missionieren« wäre ein hartes Wort, aber – so einsam er wohnt – mit seinem Tun möchte er Vorbild sein. Er hat sich aus seiner früheren Schüchternheit herausgezwungen, um seine Sache besser vertreten zu können. Obwohl er fast nichts besitzt und beruflich auf keiner Karriereleiter steht, ist er eine Stimme im Kleinwalsertal, auf die man hört. Man achtet den eigensinnigen Andi, der so geradlinig und stur seinen exotischen Weg gegangen ist.

»Ich bin ein Eigenbrötler«, sinniert Andi dann auch, während er sich vor dem Hütteneingang in der herbstlichen Bergsonne entspannt. »Wenn ich mal alleine sein will, dann laufe ich einfach in den Wald.« Einen Rückzugsort wie eine große Wohnung oder ein Haus mit mehreren Zimmern braucht er nicht. Wozu auch, wenn der Wald direkt vor seiner Tür liegt, wo er als Einheimischer alle Wege kennt. »Was bringt es, wenn ich mit dem Skateboard vom Schlafzimmer ins Wohnzimmer fahren kann, wenn ich dafür einen wahnsinnigen finanziellen Aufwand betreiben muss.« Andi schüttelt den Kopf, während er sich eine Zigarette dreht. »Hier muss ich keine Miete zahlen, das Brennholz kostet mich 400 Euro im Jahr. Sonst habe ich keine Ausgaben, also brauche ich 30 Euro im Monat für das Wohnen«, bilanziert er sein bescheidenes Leben.

Seit zwei Jahren wohnt Andi nun in der alten Lifthütte, die nur 28 Quadratmeter Wohnfläche hat. Fließendes Wasser, Kanal- und Stromanschluss und eine Heizung gibt es nicht. Das Häuschen ist kaum isoliert, und die Winternächte werden darin bitterkalt, wenn der Schnee meterhoch liegt. Der Alltag ist mühselig dort, auch wenn es der hartgesottene Andi anders sieht: Das Wasser muss er in Kanistern von der nächsten Quelle holen, den Abwasch macht er mit Asche, zum Heizen und Kochen dient ihm ein alter Herd, den er dafür zuerst mit Holz anfeuern muss. Duschen und Wäsche waschen kann er nur auf dem Campingplatz seines Vaters.

Eingerichtet ist die kleine Hütte funktionell: ein Kleiderschrank, ein Buffet, ein Holztisch mit Stühlen und Eckbank, ein bunter Fleckerlteppich, ein Hochbett und Bücherregale, die er aus seinen alten Snowboards gebaut hat. Die Möbel sind gebraucht, aber solide aus Holz gebaut. »Das meiste Geld gebe ich für Gartengeräte aus.« Andi schmunzelt, und dabei leuchten seine blauen Augen glücklich. »Klamotten dagegen brauche ich außer Unterhosen und Socken mein ganzes Leben keine mehr kaufen.«

Würde aus irgendeinem Grund einmal ein Gerichtsvollzieher vor seiner Tür stehen, hätte er ein großes Problem. Denn wenn man die Liste der pfändbaren Gegenstände durchliest, die die staatlich anerkannten Schuldnerberatungsstellen in Österreich erstellt haben, findet man davon keinen einzigen in Andis Häuschen. Nein, bei Andi geht das Ganze sogar noch weiter: Viele Dinge wie Kühlschrank, Elektroherd, Näh- oder Waschmaschine, die als unpfändbar gelten, besitzt er nämlich gar nicht. Die Mindestausstattung für einen Österreicher findet man also nicht in der Lifthütte. Und wo sollte der Gerichtsvollzieher überhaupt seinen Kuckuck draufkleben? Vielleicht auf dreihundert Gläser Eingemachtes, die tibetischen Gebetsfahnen, sein Gartengerät, das er für seinen Lebensunterhalt benötigt, die einfachen Möbel – wer sollte ihm das wegnehmen?

Könnte man nur einen einzigen Blick auf das Leben von Andi in der alten Lifthütte werfen und dieser Blick würde in einem Bild festgehalten werden, dann würde der Stil schwanken zwischen Idealisierung des einfachen Lebens und einer harten realistischen Darstellung. Gerade das Bauerntum, die Armut, das Leben in der Natur haben die Kunst schon oft inspiriert.

Die Sehnsucht nach dem bäuerlichen rustikalen Leben beschlich sogar ab und zu die französische Königin Marie Antoinette. Am Rand des Versailler Schlossparks ließ sie sich deshalb ein kleines Bauerndorf mit dem Namen »Hameau« bauen. Eine kleine künstliche Welt, in der man sich vergnügen konnte. Acht Bauernhöfe mit Hühner- und Kuhställen und »echtem« Misthaufen entstanden damals. Damit diese nicht zu neu, zu luxuriös wirkten, ließ man die Arbeiter mit dem Hammer – so berichtet Stefan Zweig in seiner Biografie über die Königin – künstlich Sprünge in die Mauer schlagen. Risse im Holz wurden nachträglich aufgemalt, die Schornsteine schwarz angeraucht. Um zu verhindern, dass die Königin ihre aufwendige Bauernrobe in Hameau schmutzig machte, wurden die Ställe vor ihren Besuchen akribisch geputzt. Die frische Milch ihrer Kühe Blanchette und Brunette wurde in stilvolle Porzellanvasen gemolken, auf denen das Monogramm der Königin prangte. Eine Comédie champêtre, eine ländliche Komödie, die ihresgleichen an Zynismus suchte. Während die richtigen Bauern fast vor Hunger starben und von der Steuerlast erdrückt wurden, feierte der verwöhnte Hofstaat seine bequeme Idee vom ländlichen Leben. Das Ende dieser verrückten Geschichte ist bekannt.

Aber wie nehmen wir Andi wahr? Wie glücklich ist sein einfaches Leben wirklich? Wo romantisieren wir seinen Alltag und idealisieren ihn? Betrachten wir das Tableau seiner Lebensform zwischen Garten und Hütte, dann ergibt sich ein vielschichtiges und filigranes Bild. Ein Bild, das aus tausend Details, unendlich vielen Farbschattierungen und unzähligen Formen besteht. An manchen Tagen hört man das kindliche Gekicher oder auch das Weinen eines kleinen Kindes. Dann spielt Andis Sohn mit den Babyziegen und schaut den dicken Schweinen zu, die geräuschvoll mit ihrer Nase in der Erde wühlen. Alles wirkt echt, unverstellt, nicht im Geringsten inszeniert. Wenn Andi dann freimütig erzählt, dass eine »warme Badewanne und ein warmes Mittagessen in der Wirtschaft« für ihn ein Highlight seien, dann bekommt das idyllische Bild doch wieder einen kleinen Sprung. Die ländlich frische Glasur splittert leicht, als Andi weiter nachdenkt: »Wenn mein Sohn in die Schule kommt, dann soll er nicht wegen mir gehänselt werden. Wenn die zu ihm sagen: Dein Papa wohnt ja im Hühnerstall!, dann ziehe ich um.« Bis dahin will er seine »unglaublich große Freiheit«, wie er selbst es nennt, leben. Reduziert und mit wenig Dingen als Besitz, so wie im Sommer auf der Schweizer Alpe, aber das 365 Tage im Jahr.

Als wir uns dieses Mal verabschieden, entschuldige ich mich noch einmal. Ich wollte eigentlich schon früher kommen als Anfang Oktober, aber habe es nicht geschafft. Andi drückt mir fest die Hand und sagt: »Alles, was man erzwingen muss, ist nix!« und lacht dazu. Im Mund hat er jetzt eine lila Malvenblüte stecken wie ein Hippie, der aus der Zeit gefallen ist. Ohne Vorwissen hat er, der Rebell, in seiner Heimat bewiesen, dass man auf 1100 Meter mehr als hundert Pflanzenarten anbauen kann. Seinen 10-Jahres-Plan, der in zwei Jahren ausläuft, kann er fast einhalten. Ist er ein Streber? In gewissem Sinne ja, er strebt nach einer besseren Gesellschaft, die sich korrekt zur Natur verhält. Und das am besten vor der eigenen Haustür.

# KATHARINA UND JOSEF – GROSSFAMILIE UNTER ZWEI DÄCHERN

## 75 m², Austragshaus

Warum schreibt man eigentlich auf neue Häuser gar keine Sprüche mehr? Direkt auf der Vorderfassade, schön breit und verziert, womöglich noch mit Baudatum und der wichtigsten Sentenz des Bauherrn? Einem Motto, das den Geist des Besitzers widerspiegelt, noch bevor man über die Türschwelle tritt. Oder ein wichtiger Gedanke, ein witziges Bonmot, das die Eigentümer dem Spaziergänger in den Tag mitgeben wollen, wie zum Beispiel gesehen an einem alten Haus im österreichischen Graz, auf dem geschrieben steht: »Das Bauen ist eine große Lust, aber dass es so viel kostet, hab' ich nicht gewusst!«

Hausinschriften oder Haussprüche kennt man seit dem frühen Mittelalter, damals meist noch auf Latein und bevorzugt auf Kirchenfassaden und öffentlichen Gebäuden. Erst ab dem 16. Jahrhundert beginnt die Blütezeit der Sinnsprüche, die Hausbauer für ihr Eigentum auswählten. Bis zur Mitte des 19. Jahrhunderts war eine Hausinschrift – ob in Holz geschnitzt oder in Stein gemeißelt –

geradezu ein Muss, an dem kein Bauherr vorbeikam. Manche Haussprüche findet man besonders häufig, zum Beispiel diesen, der sicher so manches alte Haus ziert:

*Dies Haus ist mein und doch nicht mein.*
*Der nach mir kommt, kann's auch nur leih'n.*
*Und wird's dem Dritten übergeben,*
*er kann's nur haben für sein Leben.*
*Den Vierten trägt man auch hinaus,*
*sag, wem gehört nun dieses Haus?*

Mit diesen Sprüchen – so sagt die etwas dürftige Literatur – wollte man das Haus, oft auch den eigenen Bauernhof, vor Gefahren schützen. Kein Wunder, dass man sein Heim immer wieder Gott anvertraute wie in dem Spruch »Gott schütze dieses alte Haus vor Not und Feuer, Krieg und Steuer«, der sich auf einem historischen Gebäude in Schleswig-Holstein findet.

Heute sind Hausinschriften nicht mehr zeitgemäß. Eine moderne Form des alten Brauches sind vielleicht Wandtattoos, die mit großen geschwungenen Buchstaben lustige oder besinnliche Sprüche in die Wohnung bringen. Unter dem Motto »Wände sprechen Bände« peppen riesige Sticker das langweilige Weiß der Wand innerhalb von fünf Minuten auf. Zu den Bestsellern – so kann man aus der Verkaufsliste eines Grossisten ersehen – gehören Sprüche wie »Verbringe deine Zeit mit Menschen, die du liebst« (passt am besten über das Sofa) oder »Wache jeden Morgen mit dem Gedanken auf, etwas Wundervolles könnte passieren« (ideal über dem Bett). Von Gott spricht keiner mehr, auch nicht von existenziellen Gefahren oder Krisen. Ein knapper, salopper Spruch, ein Schmunzeln, ein kleiner Gedanke, der keinem richtig nahegeht, das reicht. Und wenn sich der Geschmack des Besitzers ändert, kann man die Klebefolie einfach wieder abziehen.

Die alten Hausinschriften dagegen sind richtige, also beständige »Tattoos«, die das Gesicht des Hauses, seine Fassade, jahrhundertelang zieren. Interessanterweise – so berichten Lokalhistoriker aus Mannheim – reflektieren Haussprüche manchmal auch die geringe Größe von kleinen Häusern. »Dieses Haus ist klein, aber noch ist es mein«, findet man da. Etwas weniger bedrohlich klingt:

*Bescheidenes Dach*
*ein friedlich Sach,*
*hätt ich's größer gemacht,*
*hätt's mir Sorgen gebracht.*

Fast schon poetisch gibt sich ein Spruch auf einem anderen alten Haus in Mannheim: »Ein Spatz baut sich kein Storchennest« steht da geschrieben. Ein Spatzennest, das haben sich die beiden Senioren Josef und Katharina im Landkreis Dachau gebaut: ein kleines Haus, 75 Quadratmeter groß, ohne Keller und Speicher. Mit dem Eintritt in die Rente haben die beiden sympathischen Senioren ihrem Leben noch mal eine neue Richtung gegeben. Sie sind von Nürnberg aufs Land gezogen und haben ihr altes dreigeschossiges Haus mit viel Sanierungsbedarf verkauft. Seit vier Jahren genießen sie nun schon den Komfort des Neubaus: Fußbodenheizung, das Bad direkt neben dem Schlafzimmer, geringe Energiekosten und gut isolierte Fenster. Treppen müssen sie keine mehr steigen, weil sie ebenerdig wohnen.

Kaum einer kann so strahlen wie der 72-jährige Josef, wenn er am nagelneuen Esstisch dichtet: »Unsere Wirtschaft ist nicht groß, aber sie ist schuldenlos!« Und seine sechs Jahre jüngere Frau Katharina lacht leise dazu. Ja, dieser eingängige Spruch, der einfache Reim – er passt zu ihrem Haus. Wären Hausinschriften noch modern, könnte er in dicken Lettern über ihrer Eingangstüre stehen.

Aber dieses Ehepaar ist erfrischend unnostalgisch. Aus ihrem alten Haus haben sie nur Kleider, Geschirr, Besteck, ein paar elektrische Geräte, eine Standuhr und ein kleines Sofa mitgenommen. Die meisten Sachen sind jetzt unsichtbar in den Schubladen und Schränken der neuen Einbaumöbel verstaut. Schnörkel, Blümchen und Goldrand passen eben schlecht zum Gesamteindruck ihres neuen Architektenhauses, dessen Linien und Proportionen perfekt geplant sind. Einzig die Standuhr mit dem messingfarbenen Zifferblatt und den römischen Zahlen erinnert ein wenig an ein Wohnzimmer, wie ältere Menschen es sich oft einrichten: mit großer Schrankwand, viel Nippes, Trockenblumen und vollgestopft mit Andenken und Souvenirs.

Vor ein paar Monaten durfte ich als Journalistin einen Entrümpelungsservice begleiten, der zwei bis drei Haushaltsauflösungen pro Woche durchführt. Schon als Jugendliche war ich gerne mit meinem Vater unterwegs, der als Hobbyantiquitätenhändler ab und zu Nachlässe in unserer Region auflöste. Die fiebrige Suche nach wertvollem Schmuck, das Durchforsten der Schubladen, das begierige Öffnen von Schatullen und Dosen, das schnelle Urteilen und Unterscheiden von Kunst oder Krempel, den distanzierten Blick in ein ganz persönliches Reich, in dem ein fremder Mensch viele Jahre seines Lebens verbracht hat, habe ich nicht vergessen. Ich kam mir vor wie auf einer Schatzinsel, die von ihrem Bewohner überstürzt verlassen wurde. Ohne dass ihm Zeit blieb, seinen Besitz oder auch nur seine besonders lieb gewonnenen Dinge mitzunehmen.

Auch in der Vierzimmerwohnung, die die Entrümpler in meiner Gegenwart ausräumen, ist die Zeit stehen geblieben. Hier ist erst vor Kurzem der 82-jährige Mieter verstorben. Jahrzehntelang hat er fast nichts weggeworfen und sich in einem Kokon aus Erinnerungen eingesponnen. In Stoff gebundene Fotoalben mit handgeschriebenen Urlaubsgeschichten, dreißig Vasen aus Glas oder Keramik, ein Setzkasten gefüllt mit den verschiedensten Dingen im Miniformat, ein unbenutztes Spinnrad oder der alte Pelz der verstorbenen Frau – in dieser Wohnung haben sich Tausende Gegenstände angesammelt. Eine kleine Symphonie der Dinge mit zahlreichen Verzierungen, etwas schwülstig, überladen und aus der Zeit gefallen. Eine eigene

Welt mit eigenem Flair. Und jetzt muss diese Wohnung in zwei Tagen komplett leer sein.

Die Entrümpler arbeiteten schnell und ohne viel Emotionen. Es sei wichtig, erzählten sie mir, dass man sich innerlich abschotte. Dennoch ließ jede Stunde, die ich mit ihnen in diesem kunterbunten Sammelsurium verbrachte, den Verstorbenen für mich immer klarer aus dem Dunkel des Unbekannten treten. Von seiner geliebten Frau, die 13 Jahre vor ihm gestorben war, hatte er alles aufbewahrt. Der Schlafzimmerschrank hing voller Frauenkleider, im Gang hatte er ihre weißen Hausschuhe aus Kunstleder ordentlich nebeneinandergestellt – so als wäre sie noch am Leben. Ihre persönlichen Dinge wegzuwerfen war für ihn unmöglich. So hätte er sich eingestanden, dass er als einsamer Witwer einen neuen Lebensabschnitt hätte beginnen müssen.

Solche Anblicke und Verhaltensweisen sind die Entrümpler gewohnt. Sie haben in ihrer Region schon mehr als tausend Haushalte aufgelöst. Gerade auf dem Land, wo es viele große Häuser gibt, heben die Leute ihrer Meinung nach viel zu viel auf. Im Speicher lagern oft noch die Schulhefte der Kinder, die inzwischen selbst schon über fünfzig sind. Im Keller findet man noch die alte Küche, während die neue bereits seit zehn Jahren in Gebrauch ist. Wer keinen Druck zum Aussortieren durch eine kleine Wohnfläche hat, kann eben bequem alles lagern. Das geht schneller als das Aussortieren, Verkaufen, Verschenken oder zum Wertstoffhof Fahren.

Aber es gibt auch immer wieder einmal Senioren, die mithilfe der Entrümpler Speicher, Keller oder einzelne Zimmer schon bei Lebzeiten ausmisten, weil sie ihre Wohnungen oder Häuser den Angehörigen nicht vermüllt hinterlassen wollen.

In jüngster Zeit hat die über 80-jährige Schwedin Margareta Magnusson mit ihrem Buch »The Gentle Art of Swedish Death Cleaning« (auf Deutsch: »Frau Magnussons Kunst, die letzten Dinge des Lebens zu ordnen«) genau so eine »mitfühlende« Art des Aussortierens gefordert. Das etwas makabre Wort »Death Cleaning« ist eine freie Übersetzung des schwedischen Wortes »Döstädning« – eine Kombination aus den Wörtern »Sterben« und »Sauberkeit«. Die Autorin empfiehlt, ab dem 65. Lebensjahr seinen Besitz so zu minimieren, dass man den Hinterbliebenen nicht mit einem Haufen Gerümpel, sondern nur mit besonderen Stücken in Erinnerung bleibt. Sie geht sogar so weit, kostbaren Schmuck, der später für Streit unter den Erben sorgen könnte, schon zu Lebzeiten zu verkaufen. »Death Cleaning« ist eigentlich keine neue Aufräummethode, sondern ein Nachdenken am Lebensabend. Welche Dinge sollen mich bis zu meinem Ende begleiten? Und welche Dinge sollen von meinen Kindern überhaupt nach meinem Tod gefunden, gelesen oder aufgehoben werden?

So »verschlankt« leben jetzt auch Josef und Katharina in ihrem kleinen Haus bei Dachau. Nicht in überladenen, vollgestellten Räumen, sondern luftig und bescheiden an Dingen. Betritt man ihr Häuschen, herrscht der Eindruck von Klarheit und Ordnung vor. Wohnzimmer und Küche sind nur mit einer kleinen Trennwand unterteilt, nach oben sind die Räume offen. Dass alles gleich so modern wurde, davon haben sie ihr einziger Sohn Jürgen und seine Frau Kristin erst überzeugen müssen.

Die Geschichte des kleinen Hauses beginnt 2014 mit dem Kauf eines 1000-Quadratmeter-Grundstücks in einem Dorf bei Dachau. Das junge Paar Jürgen und Kristin möchte für sich und seine beiden Kinder Lina und Lorenz ein modernes Einfamilienhaus bauen. Von hier aus, so haben sie sich überlegt, kann Jürgen, der als Kfz-Technikmeister bei BMW angestellt ist, gut zur Arbeit nach München pendeln. Doch das Grundstück ist der jungen Familie eigentlich zu groß. Da hat der leitende Architekt Hans Hicker, der sein Büro in der Nähe von Augsburg hat, die rettende Idee: Er schlägt dem Paar vor, ein sogenanntes »Austragshaus« für Jürgens Eltern auf dem Grundstück zu bauen. Der Zeitpunkt könnte passen: Die Senioren sind gerade in Rente gegangen und wollen sich noch einmal räumlich verändern, am liebsten würden sie in einem barrierefreien Gebäude und möglichst nah bei ihren Enkeln leben. Sie entscheiden sich, ihr altes Haus in Nürnberg zu verkaufen und dafür das neue kleine Haus zu erwerben.

Damit beginnt ein Experiment mit ungewissem Ausgang: Die Schwiegertochter Kristin hat Bedenken, auf einem

Grundstück mit ihren Schwiegereltern zu wohnen. Aber auch die Senioren haben Angst: Sie müssen ihre gewohnte Umgebung, das vertraute Haus und viele lieb gewonnene Dinge, mit denen sie dreißig Jahre lang gelebt hatten, aufgeben. Aber ihr altes Haus hatte auch Nachteile: »Wir wollten keine Treppen mehr steigen«, berichtet Katharina, während sie die Plätzchenteller mit Selbstgebackenem auffüllt. »Im alten Haus mussten wir dauernd Treppen gehen zur Waschküche, zum Kellerabteil oder auf den Speicher.« Der Alltag dort ist inzwischen beschwerlich geworden und erleichtert somit den Abschied. Vom neuen Haus und dessen Architekten wünschen sie sich ein treppenloses Haus mit Gäste-WC, ohne Badewanne und möglichst klein. »Da muss ich nicht so viel sauber machen«, strahlt Katharina heute. Und Josef pflichtet ihr bei: »Das passt so! Ich bin zweiundsiebzig, sie ist sechsundsechzig, wir wollten es nicht mehr größer haben«.

Seit 2015 wohnen auf dem großen Grundstück jetzt drei Generationen zusammen, aber unter zwei Dächern. Das haben alle so gewollt. Jeder hat seine eigene Terrasse, Küche, Bad und seinen eigenen Hauseingang.

Hans Hicker, der das Ensemble geplant hat, benutzt für das kleine Haus gerne den Begriff »Austragshaus«. Im deutschsprachigen Raum nennt man diese Wohnform auch Auszugshaus oder Ausgedinghaus. Vor allem im ländlichen Bereich bezeichnete man damit ein auf dem Hofareal errichtetes kleines Gebäude, in dem die Altbauern ihren

Lebensabend verbrachten. Mit der Übergabe des gesamten Hofes verließen sie früher das Hauptgebäude und regelten in einem Vertrag ihr Altenteil mit der nachfolgenden Generation. Für den Begriff »Austrags«-Haus findet man zwei Erklärungen: Einerseits wurden die Altbauern mit dem Auszug aus dem Grundbuch »ausgetragen«, andererseits wurden Interessenkonflikte bei dem Übergabevertrag »ausgetragen«.

Meist waren die Austragshäuser eine Miniaturausgabe des Haupthauses. Und auch bei dieser Familie im Landkreis Dachau ist das ein bisschen so: Äußerlich gleichen sich das große und das kleine Haus, was Putz, Fassade, Baustil und Fenster betrifft. Doch die Terrassen der Häuser sind autark und optisch getrennt. Jede Familie hat ihren Privatbereich und Rückzugsort. Die Häuser stehen quasi parallel, und durch eine geschickte Bepflanzung ergeben sich kaum Blicke von Haus zu Haus. Auch die Eingangstüren signalisieren, dass hier zwei eigenständige Haushalte wohnen.

»Kleine Häuser zu planen kostet viel mehr Zeit als große«, berichtet der Architekt. Da das Honorar aber niedriger sei, sei das meist nicht besonders attraktiv. Aber Hans Hicker schätzt nach eigener Aussage bei kleinen Häusern den intensiven Austausch mit dem Bauherrn, weil besonders detailliert geplant werden müsse. Und da er auch die Einbaumöbel und die Küche dafür entworfen hat, kennt er fast jede Ecke: vom Schuhregal über die Garderobe bis hin zum Schlafzimmerschrank. Gerade bei kleinen

Häusern plädiert er für vom Schreiner angefertigte Einbaumöbel. Denn oft erweise sich das mitgebrachte Mobiliar als völlig überdimensioniert. Auch Katharina musste ihren großen Wohnzimmerschrank in Nürnberg lassen, weil in ihrem neuen Heim kein Platz dafür war. »Da war sie schon traurig«, berichtet ihr Sohn Jürgen. »Aber alte Zöpfe muss man eben abschneiden«, schickt er ganz rigide hinterher. »Man kann nicht das Haus um den Schrank rumbauen.« Auch der nach oben hin offene Dachstuhl, den der Architekt entworfen hat, damit die Räume nicht so gedrungen wirken, erforderte »viel Überzeugungsarbeit« bei seinen Eltern.

Durch bodentiefe Fenster, hohe Räume und wenig Türen versucht die Architektur das Gefühl von Beengtheit zu vermeiden. Ganz wichtig sind die geraden Sichtachsen im kleinen Haus. Wenn man die wenigen Türen öffnet, kann man komplett durch das ganze Haus schauen. »Wie in einem barocken Schloss«, stellt der Architekt leicht amüsiert fest. Für jeden Quadratmeter hat er 2500 bis 3000 Euro Baukosten veranschlagt – ein stolzer Preis. Aber mit dem Häuschen können die Senioren auch sparen: Ihre Energiekosten haben sie um die Hälfte reduziert, so kommen sie besser mit der Rente hin. Die zentrale Wärmepumpe für beide Häuser liegt im großen Haus, für das kleine Haus hat man sich die zweite Heizung gespart. Die Temperatur des warmen Wassers stellen Sohn und Schwiegertochter ein; seitdem, sagt der Senior Josef und lacht, ist das Wasser viel zu heiß. Die Fußbodenheizung regulieren er und seine Frau über Thermostate, für den Strom haben sie einen eigenen Zähler. Auch den Carport teilt man sich, was Baukosten sparen half.

»Ich mag es gerne, wenn meine Eltern da sind«, erzählt Sohn Jürgen offenherzig, als wir alle zusammen im Wohnzimmer der Eltern stehen. Zwei Tage vor Weihnachten besuche ich diese Familie wieder, die viel Warmherzigkeit, Verständnis und Mitgefühl ausstrahlt. Auf der Kochinsel hat die Oma ihre alten Krippenfiguren mit der Heiligen Familie bereits aufgebaut. Blaue Leuchtsterne hängen in dem großen Terrassenfenster, auf dem Tisch brennen die vier Kerzen am Adventsgesteck. Teller gefüllt mit selbst gebackenen Plätzchen und ein frisch gebackener Apfelkuchen warten auf mich und meinen Fotografen Stefan. Das alte Ehepaar ist zurückhaltend, höflich und zugleich überaus herzlich. In der Küche wirbelt die elfjährige Lina um ihre Oma herum, backt mit ihr Plätzchen aus Eischnee, behängt den kleinen Christbaum im Wohnzimmer und öffnet Türchen in ihrem Adventskalender – ein Geschenk ihrer Großeltern. Heiteres Stimmengewirr, Lachen, kleine Scherze sind der akustische Beweis dafür, dass sich hier alle wohlfühlen. Alles wirkt selbstverständlich, leicht und normal.

Mir fällt dazu spontan das Anna-Karenina-Prinzip ein, wie Psychotherapeuten es nennen. Sie berufen sich dabei auf den berühmten Anfangssatz des Romans »Anna Karenina«, der lautet: » Alle glücklichen Familien gleichen einander, jede unglückliche Familie ist auf ihre eigene Weise unglücklich.« Das Prinzip, das sich daraus ableitet, klingt interessant: Für Glück müssen alle Faktoren stimmen, für Unglück muss nur ein Faktor nicht mehr stimmen, um alles ins Ungleichgewicht zu bringen. Für viele Familien und Ehen sind gemeinsame Urlaube, aber meist auch Feiertage und da vor allem Weihnachten der Prüfstein, ob die Beziehungen wirklich funktionieren. An diesem Samstag kurz vor Weihnachten wirkt aber alles harmonisch, genauso wie bei meinem letzten Besuch vor eineinhalb Jahren.

»Wie im Paradies«, sagt Josef an diesem Adventsnachmittag strahlend, fühle er sich in seinem modernen Haus. Das Schlafzimmer nennen seine Frau und er liebevoll »Hotelzimmer«, weil sie dort einen Fernseher haben und direkt in das kleine Badezimmer gehen können. Beide genießen die Fußbodenheizung und auch, dass erst mal nichts reparaturbedürftig ist. Sie haben für ihr komfortables Häuschen viel aufgegeben und hinter sich gelassen. Aber sie schätzen keine Menschen, die viel jammern. Würden sie eine Reise nach Jerusalem buchen, könnten sie den Programmpunkt »Klagemauer« – die berühmte Anlaufstelle für religiöse Bitten – wohl auslassen. Die beiden sind so gestrickt, wie sie auch ihren Sohn Jürgen erzogen haben. »Sieh immer nur die Vorteile, die jede Lebenssituation mit sich bringt.« So hat Jürgen auch seine Frau Kristin überzeugen können, dass die räumliche Nähe zu den Schwiegereltern ein Plus für die junge Familie wird. Jetzt haben sie in den Senioren kostenlose Gärtner,

Hausmeister, Babysitter und eine Köchin. Sie sparen auch ein zweites Auto, das auf dem Land dringend nötig ist, um die Kinder zu ihren Hobbys zu fahren oder vom Bahnhof abzuholen. Das zweite Auto gehört Jürgens Eltern, und sie leihen es der Schwiegertochter gerne oder holen auch mal selbst die Enkelkinder ab. Im Gegenzug beteiligt sich die junge Generation dafür an Reparaturen oder wenn neue Winterreifen nötig sind.

Aber was gewinnen Josef und Katharina noch darüber hinaus? Auf jeden Fall viel Zeit mit ihren Enkeln und schnelle Unterstützung, wenn sie in Notsituationen geraten. Oder wie Josef mit glücklichem Gesicht erzählt: »Wenn sie Hilfe brauchen, sind wir da. Wenn wir Hilfe brauchen, sind sie da.« Und so wie die sechsköpfige Familie jetzt rund um den Tisch der Großeltern sitzt, lebhaft diskutiert und dabei die neuesten Plätzchen probiert, zweifelt man auch keinen Moment daran. Kein Drama, kein Streit, keine spitzen Worte. Und das immerhin zwei Tage vor Weihnachten. Vielleicht ist es wirklich so, wie Papst Franziskus dann ein paar Tage später an Weihnachten predigen wird: »Die Familie ist ein Schatz, den man behüten muss.«

# SELBSTVERSUCH MIT »MAX«

## 15 m², Tiny House

Die Sonne steigt endlich über dem Berg auf. Sie hat gesiegt gegen eine sternklare Nacht mit Minustemperaturen. Das Schneefeld glitzert wie ein weißes Kleid, das mit unzählig vielen Diamanten bestickt ist. Es ist Anfang Februar und frostig kalt – hier, mitten auf einer Wiese in der Nähe des Tegernsees. Rundherum stehen große Häuser im Alpenstil, der Reichtum der Region ist gut sichtbar.

Gewärmt vom Feuer des Holzofens sitze ich bereits am Tisch und frühstücke. Letzte Nacht habe ich zum ersten Mal in einem Tiny House geschlafen, das nur eine Wohnfläche von 15 Quadratmetern hat. Sein Besitzer Daniel Glasl vermietet sein Häuschen an Urlauber, Interessierte oder auch an Ruhesuchende wie mich.

Warum bin ich hier? Ein spontaner Entschluss. Seit mehr als fünf Jahren beschäftige ich mich als Journalistin immer wieder beruflich mit dem Thema »Kleine Häuser« und Minimalismus. Ich habe Wohnwürfel der verschiedensten Firmen gesehen, selbst gebaute Tiny Houses, kleine

Architektenhäuser oder auch kistenartige Häuschen, die auf der Tragfläche eines Lkw aufgebaut waren. Ich habe viele Menschen kennengelernt, die aus den verschiedensten Gründen mit weniger Dingen und mit weniger Raum leben wollen. Ich habe aber auch Menschen in den überteuerten Großstädten getroffen, die auf wenig Wohnraum leben müssen – einfach weil sie keine andere Wahl haben.

Mit meinen beiden Töchtern lebe ich am Stadtrand von München in einem alten Einfamilienhaus aus den 50er-Jahren. Als ich 1999 schwanger wurde mit meiner ersten Tochter, haben wir dieses Haus gemietet. Jetzt, fast 20 Jahre später, hat der Eigentümer das schon etwas baufällige Siedlerhäuschen mit 800 Quadratmeter Grund für 1,3 Millionen Euro verkauft – an einen Bauträger, der hier Tabula rasa machen wird. Schon bald werden die hohen Bäume gefällt, das Haus wird abgerissen und das Grundstück mit möglichst vielen sündteuren Wohnungen bebaut. Und wir haben unsere Heimat verloren, weil die Immobilienpreise in München ins Unermessliche steigen. Was tun? Um in der Stadt bleiben zu können, müssen wir uns verkleinern. Ich werde kein Arbeitszimmer mehr haben und meine große Tochter, die im Sommer Abitur gemacht hat, wird vielleicht kein eigenes Zimmer mehr bekommen.

Das ist die Vorgeschichte, um verstehen zu können, warum ich hier in diesem winzigen Haus sitze. Ich möchte wissen, wie es ist, mit wenig Platz auskommen zu müssen.

Wie es möglich ist, dass so unterschiedliche menschliche Bedürfnisse wie Essen, Schlafen, Waschen auf engstem Raum befriedigt werden können. Und ich möchte natürlich selbst erfahren, wie sich all das anfühlt, wovon mir so viele Menschen im Interview berichtet haben.

In einem kleinen Ort am Tegernsee hat sich der Fotograf Daniel Glasl 2017 ein Tiny House von einem österreichischen Hersteller gekauft – für den stolzen Preis von 90 000 Euro. Er hat ihn »Max« getauft, in Anlehnung an das große Hotel Maximilian in Gmund am Tegernsee, das früher im Besitz seiner Familie war. Und in Hochachtung – so berichtet der gebürtige Tegernseer Daniel – vor Seiner Königlichen Hoheit Herzog Max in Bayern und dem Hause der Wittelsbacher, die das Tegernseer Tal entscheidend geprägt und gefördert haben.

»Max« besitzt sogar einen Geburtsschein, den man vorfindet, wenn man hier übernachtet. So wie man bei einem Baby Größe und Gewicht nach der Geburt sofort festhält, so kann man hier über den Wagen nachlesen: Er ist 6 Meter lang, 2,55 Meter breit und 3,57 Meter hoch und bringt stolze 5 Tonnen auf die Waage. So darf der Max nur mit 25 Stundenkilometern von einem Traktor über die Straßen gezogen werden.

Genauso ist er letztes Jahr im April hier auf dieser Wiese angekommen – nicht weit entfernt vom Ortszentrum. Im Sommer ist er durch das Laub der Sträucher und Bäume vor den Spaziergängern und Anwohnern geschützt, aber im Winter fällt er auf: Der dunkel gebeizte Wagen setzt einen optischen Kontrapunkt zum weißen Schnee. Wer weiß, wie viele Einheimische, die hier oft mit ihren Hunden Gassi gehen, schon erstaunt den Kopf geschüttelt haben.

Der Max ist kein simpler Bauwagen, sondern eher das Nobelmodell seiner Gattung. Ausgestattet mit einer Lärchenschalung ist die Wand zusätzlich mit Schafwolle und einer Holzfaserplatte gedämmt. Innen sind die Wände darüber hinaus mit einer Lehmputzplatte verkleidet. So kann das Raumklima gut reguliert werden. Max ist kein rechteckiger Wagen, sondern an den Seiten oval gebogen. Eine ungewöhnliche Form, die vor allem den Schlafbereich gemütlich macht – es ist, als ob man in einem Erkerzimmer zu Gast wäre. Erstaunlicherweise verfügt dieser winzige Wagen über acht Fenster und eine große Fenstertür. Vier davon sehen aus wie kleine Schiffsbullaugen, die man nicht öffnen kann. Dennoch lassen diese dekorativen Fensterchen mehr Licht in den kleinen Raum und das winzige Badezimmer.

Meine Ankunft am Sonntagabend allerdings hatte ich mir anders vorgestellt. Das ganze Wochenende hatte ich ein Schreibseminar in der repräsentativen Seidl-Villa in München betreut. Das wunderbare Gebäude wurde für eine Brauereigattin um die Jahrhundertwende errichtet – mit einem großen Nebentrakt für Fahrzeuge, Pferdestall und einer Kutscherwohnung. Ein großbürgerlicher Traum, ein herrschaftlicher Bau im Zentrum von Schwabing. Und jetzt stehe ich hier nach einer Stunde Autofahrt in dem winzigen Max, in dem es empfindlich kühl ist, da sich in den Tagen zuvor keine Gäste darin aufgehalten hatten. Das Innenthermometer zeigt ungemütliche 13 Grad an. Wie gelähmt sitze ich etwa eine Stunde in dem Wagen und warte darauf, dass das Feuer im Holzofen endlich etwas Wärme bringt. Von Zentralheizung ist hier natürlich keine Rede. Wer es warm haben will in der frostigen Februarnacht, muss geduldig sein. Zwei Gläser mit spanischem Rotwein trösten mich, bis die Flammen langsam ihre Aufgabe erfüllen. Doch die Freude hält nicht lange an, denn schon bald quält mich der CO-Alarm, ein kleines neues Plastikteil, das durchdringend laut piepst. Alle Versuche, ihn auszuschalten, schlagen fehl. 90 Minuten lang kämpfe ich gegen den weißen Plagegeist, öffne regelmäßig die Tür zum Lüften, versuche die Batterien herauszunehmen. Ich informiere Daniel per SMS über das Problem. Sein Angebot, kurz vorbeizukommen und sich die Sache anzusehen, schlage ich aber aus. Ich bin müde und will endlich schlafen – der Tag war lang. Ich ziehe die Vorhänge zu, lege mich ins Bett, und irgendwann gibt auch der Störenfried auf.

Die Nacht ist still und anders als in der Stadt sehr dunkel. Nur das Licht der Straßenlaternen, das über die Bullaugen in den kleinen Wohnraum dringt, wirft runde Flecken an die Wand. Ich liege hier im Bett wie in einem Hotelzimmer. Aber ich bin in einem kleinen Häuschen, niemand wohnt unter, über oder neben mir. Ein Gefühl, das ich überaus schätze. Ich schlafe tief und traumlos.

Das Tiny House Max ist ein autarkes Häuschen. Der Strom speist sich aus den Solarzellen am Dach. Warmes Wasser kann mithilfe des Holzofens erzeugt werden. Wenn diese Energie nicht reichen sollte, kann das Wasser auch über Strom aufgeheizt werden. Das Abwasser aus Küche und Bad wird auf das Dach geleitet, wo eine Pflanzenkläranlage es säubert, bevor es schließlich versickert. Die Trockentoilette ohne Kanalanschluss trennt Urin von den Fäkalien. Letztere sammeln sich in einem Eimer – gefüllt mit Torf und Aktivkohle, die die festen Stoffe kompostieren. Geheizt wird mit einem Holzofen, der bei einer Temperatur über 75 Grad seine Wärme in den Wasserboiler und den Pufferspeicher abgibt. Zwei Heizkörper können so noch zusätzlich betrieben werden und Energie speichern. Viele solcher Vorgänge lassen sich in diesem Tiny House über Apps verfolgen, die gerne und ausführlich von Daniel erklärt werden.

Als Daniel mich am nächsten Tag besuchen kommt, rümpft er sofort die Nase: »So hat es hier noch nie gerochen.« Er ist offensichtlich beunruhigt. Daniel ist ein 40-jähriger, groß gewachsener Bayer, der mit seiner gestrickten braunen Schafwolljacke auf den ersten Blick traditionell daherkommt. Nur sein üppig tätowierter Unterarm passt nicht so recht ins Bild. »Riechst du das denn nicht?«, fragt er erstaunt. Er öffnet die Holzluke am Boden, durch die man sozusagen in den »Keller« gelangt. Er steigt hinab und kontrolliert den Wassertank und die Solaranlage. »Komisch«, sagt er, während er die Luke schließt und danach die große Flügeltür öffnet, um das Häuschen zu lüften. Heute stimmt irgendetwas nicht – so wie gestern das penetrante Gepiepse vom CO-Alarm.

Ein Telefonat mit den Herstellern aus Österreich bringt die rettende Idee: Die Leitung, die das Abwasser auf das Dach führt, könnte eingefroren sein. Und weil es der erste Winter ist, seit Daniel den Wagen besitzt, ist das noch Neuland für ihn. Auf zwei Kochplatten gleichzeitig erhitzt er jetzt Töpfe mit Wasser und schüttet immer wieder kochendes Wasser in den Abfluss. Ein zeitraubendes Unterfangen.

Während er in dem kleinen Wagen mit dem Handy in der Hand zwischen Kochplatten und »Keller« herumwirbelt, kommen wir ins Gespräch. Daniel Glasl ist in dem Ort Tegernsee aufgewachsen und ist zum Studium der Politikwissenschaften nach München gegangen. Dort hat er in den Online-Redaktionen für MTV und Pro7 gearbeitet, später wurde er als Assistent in der PR-Abteilung eines bekannten Fußballvereins im Landkreis München angestellt. Klickt man auf seine Homepage, präsentiert er sich zudem als Fotograf, der sowohl Landschaften, Musiker wie auch Architektur professionell festhält. Außerhalb der Ortschaft Tegernsee hat er mit seiner Lebensgefährtin Martina mitten in den Bergen ein kleines Haus renoviert. Um seinen Lebensunterhalt zu verdienen, vermietet er dort zwei Ferienwohnungen und seit April 2017 auch den Wagen Max.

»Am Anfang hab ich mir gedacht, ich gründe ein Tiny-House-Dorf und vermiete dann alle Häuschen«, erzählt er. Aber das stellte sich als allzu naiv heraus: Viele bayerische Bebauungspläne lassen keine kleinteilige Zersiedelung zu und somit auch nicht sechs oder acht Tiny Houses auf einem etwa 1000 Quadratmeter großen Grundstück. So hat Daniel am Ende *ein* Tiny House gekauft, und nur weil er über gute Kontakte zu hiesigen Immobilienmaklern verfügt, hat er es auf einem unerschlossenen Grundstück aufstellen dürfen.

Wieder klingelt sein Handy, ein Anruf aus Österreich: Es wird empfohlen, außerhalb vom Wagen das Wasserrohr abzumontieren. Daniel läuft nach draußen, und staunend schüttet er, nachdem er das Rohr entfernt hat, über 20 Zentimeter lange Eisbrocken aus dem Teilstück. »Da hätten wir lange heißes Wasser in den Ausguss gießen können«, lacht er mit seiner tiefen Stimme. So was ist ihm noch nie passiert: Seit April vermietet er an Feriengäste und hat schon alles Mögliche erlebt. Frauen, die seine hölzerne Arbeitsplatte mit dem Stahlschwamm reinigten und so beschädigten. Oder Gäste, die die heiße Asche aus dem Ofen in der Küche im Plastikabfalleimer entsorgten. »Gestern habe ich einen Anruf aus Österreich bekommen – der erste große Unfall in einem Tiny House ist passiert«, erzählt er mir empört. Eine Frau hat Spiritus in den Holzofen gespritzt, um das Feuer zu entfachen. Eine hohe Stichflamme hat bei der Frau starke Verbrennungen verursacht. »Das glaubst du nicht, manche Leute sind dumm wie Brot«, beschließt er seine Anekdoten kopfschüttelnd.

Aber wer mietet sich denn eigentlich bei Daniel ein? Wortreich skizziert er seine Kunden – vom verliebten jungen Pärchen, das hier seine Flitterwochen verbringt, bis zum Professor Doktor Doktor, der eigentlich kostenlos in den teuersten Hotels rund um den Tegernsee wohnen könnte. Hier aber findet er Ruhe, Einsamkeit und das Außergewöhnliche. Auch ältere Menschen jenseits der sechzig buchen bei Daniel und wollen hier ein Wohnmodell für ihr Alter ausprobieren. Davon rät Daniel aber entschieden ab: »Alter und Autarkie, das heißt für mich etwas anderes, als in einem holzverschalten Häuschen mit einer Pflanzenkläranlage zu wohnen.« Allein die Treppe, über die man meistens Tiny Houses betritt, ist das Gegenteil von seniorengerecht und barrierefrei. Aber sie ist notwendig, weil diese Häuschen meist auf Rädern stehen oder aufgebockt sind. »Theoretisch könntest du die Räder oder die Stelzen in eine Grube versenken«, sinniert Daniel. Dann könnte man ein Tiny House auch mit dem Rollstuhl befahren – bei diesem Gedanken schaudert es ihn ein wenig.

»Mir hat neulich ein junges Paar mit zwei kleinen Kindern geschrieben«, wieder schüttelt er den Kopf. Die wollten bei ihm probewohnen, aber: »Warum wollen die zu viert in einem 15 Quadratmeter großen Hamsterkäfig leben?« Aus versicherungstechnischen Gründen hat er ihnen abgesagt. Und dann findet er deutliche Worte: »Die Tiny-House-Bewegung ist voller Idealisten. Aber bei mir sträuben sich die Haare, wenn ich amerikanische Filme über Tiny Houses ansehe. Da gibt es dann ein Paar mit Kindern und Hunden, die sich auf 15 oder 20 Quadratmetern zusammenquetschen. Ich finde das pervers, und den Kindern nehme ich auch die räumliche Freiheit für ihre Entwicklung. Ich sag es auch jungen Familien, diese Größenordnung, wie ich sie hier habe, ist für euch falsch. Das ist nur ein kleines Freizeithaus.«

Daniel kann sich über viele Sachen aufregen – auch gerne über extreme Ökos, die er sehr intolerant findet. Gestaunt hat er über eine Frau, die ihn vor Kurzem angerufen hat und ein Tiny-House-Dorf gründen möchte. Auf seine Nachfrage, ob sie denn dafür schon ein Grundstück habe, verstummte sie. Das findet Daniel unglaublich einfältig: »Was meinen die eigentlich, ich habe mich eineinhalb Jahre mit der Materie beschäftigt, bevor ich den Wagen hier gekauft habe«, empört er sich. Und dann kommen irgendwelche »Breznsalzer« – wie er sie mit einem seltenen bayerischen Schimpfwort tituliert – mit Ideen daher und reden mit ihm, als hätten sie die Weisheit mit Löffeln gefressen.

Daniel ist eben ein gnadenloser Realist und ein kühler Rechner – auch was seinen Max betrifft: Hätte er sich eine Ferienwohnung am Tegernsee gekauft, hätte er zwar erst dreimal so viel Geld investieren müssen, aber eine Wertsteigerung der Immobilie wäre ihm sicher gewesen. Wenn sein Tiny House – so hat er ausgerechnet – mehr als sechs Monate im Jahr mit Gästen belegt ist, dann bräuchte er acht Jahre, damit die Kaufsumme sich amortisiert hat.

Aber wird nach dieser Zeit ein Tiny House noch gut erhalten sein und seinen Wert behalten? Das weiß momentan noch niemand.

Nachdem Daniel das Rohrstück vom Eis befreit hat, steckt er es wieder an das große Rohr außerhalb vom Tiny House. »Pfiat di, bis morgen!«, verabschiedet er sich, denn schon melden sich die nächsten Anrufer auf seinem Handy.

Ich bin wieder alleine nach diesem quirligen Besuch – ausgestattet mit neuem Brennholz und vielen Anzündern. Ich nehme ein Kissen mit nach draußen und setze mich auf die Metalltreppe, die hoch zum Max führt, und genieße die letzten Sonnenstrahlen. Ich bin umringt von großen Nachbarhäusern, und jeder kann mir jetzt zuschauen – es ist wie auf einem Präsentierteller. Eine Frau, die im typischen Tegernseer-Pelzmantel-Chic gekleidet ist, kommt auf der Straße vorbei. Wir grüßen uns. »Das ist wunderschön«, ruft sie mir zu. Ich bin überrascht, denn ich hätte sie konservativer eingeschätzt. »Genießen Sie es.« Sie winkt mir noch einmal zu, bevor sie um die Ecke biegt.

Als die Sonne hinter den Bergen versinkt, wird es schnell wieder kühl. Meine Versuche, den Holzofen anzuheizen, enden auch heute wieder in einem Desaster aus Qualm. Das brennende Holz scheint im grauen Rauch zu ersticken. Mitleidig öffne ich die Ofentür, wo sogleich erleichtert eine große Schwade entweicht. Belohnt werde ich mit einem durchdringend scharfen Piepston – noch lauter als gestern. Der CO-Melder wieder? Nein, schlimmer: Diesmal ist es der Rauchmelder. Ich versuche ihn hektisch auszuschalten, aber es gelingt mir nicht. Das laute Gepiepe muss in der ganzen Nachbarschaft zu hören sein. Und wenn jetzt die Feuerwehr kommt? Wegen so eines Großstadtdilettanten wie mir? Das wäre wirklich peinlich. Ich ruckle, drehe, klopfe – bis ich schließlich den Knopf finde und das Ding nach einer Minute endlich verstummt. Mit dem Rauchmelder in der Hand stehe ich auf meinem Bett. Um mich herum göttliche Ruhe, und mein Adrenalinspiegel sinkt.

Es ist zwar gemütlich, aber auch ziemlich umständlich hier. Keine Zentralheizung, nur zwei Kochplatten, ein winziger Kühlschrank, ein kaltes Badezimmer und eine Komposttoilette. Vielleicht fällt es im Sommer leichter, hier zu leben. Was mich hingegen kaum stört, ist der begrenzte Platz. Max ist nett und geschmackvoll eingerichtet, der Raum wirkt intim und individuell. Auf diesen 15 Quadratmetern fühle ich mich auf jeden Fall wohler als in einer großen Ferienwohnung, die einen mit massivem dunkelbraunen Mobiliar aus den 70er-Jahren erschlägt.

Ich schreibe noch bis in den späten Abend hinein an meinem Buch weiter. Wenn die Vorhänge zugezogen sind, fühle ich mich hier geborgen. Ich bin schon seit Langem davon überzeugt, dass man sich in einem kleinen Raum weniger verloren fühlt als in einem großen. Nichts ist schlimmer als die sogenannten »Witwenhügel« auf dem Land, wo man in den 70er-Jahren außerhalb des Ortskernes groß gebaut hatte. Längst sind die Kinder ausgezogen, oft ist auch der Mann schon verstorben, und jetzt sitzen die Seniorinnen alleine in für sie völlig überdimensionierten Häusern.

Nach einem Abendessen mit Salat und Spaghetti versinke ich auch in dieser Nacht wieder in einen tiefen Schlaf. Mit den kleinen Bullaugen in den Wänden fühle ich mich wie in einer Schiffskajüte. Ganz weit weg vom normalen Alltag. Ich werde noch eine weitere ruhige Nacht hier verbringen, bis mein Fotograf Stefan, mit frischen Brötchen im Gepäck, mich übermorgen besuchen kommt. Vermissen tue ich hier kaum etwas – außer etwas mehr Komfort vielleicht. Auch eine größere Küche wäre schön, für mich ein Quell von Lebensqualität, weil ich einfach gerne koche.

Drei Tage und drei Nächte habe ich im Tiny House verbracht. Ich habe gelernt, was ein CO-Melder ist und wie man eine Komposttoilette benutzt. Geduscht und Haare gewaschen habe ich in der komfortablen Sauna in Tegernsee. Ich weiß jetzt wieder, wie ein Holzofen funktioniert und worauf man aufpassen muss. Dauerhaft wohnen möchte ich hier nicht, das wäre mir zu eng mit meinen beiden Töchtern. Überhaupt würden sich meine beiden Teenager mit dem Finger an die Stirn tippen, wenn ich sie mit einer Komposttoilette im Bad konfrontieren würde.

Aber etwas ist mir klar geworden: All die Gespräche, die ich für dieses Buch und meine Filme geführt habe, helfen mir jetzt, mich für den nächsten Lebensabschnitt zu rüsten. Sich verkleinern, auf Raum verzichten – ja, das kann wirklich befreiend sein. Das haben mir all die Menschen erzählt, die mit wenig Raum wohnen. Und ich glaube ihnen. Immer wieder habe ich ihre Botschaften im Ohr, wenn mich die ängstliche Frage quält, wohin bloß all meine Sachen in der neuen Wohnung sollen.

Als Schülerin und Studentin habe ich auch nie mehr als 15 Quadratmeter zur Verfügung gehabt. Ich habe ein Bett, einen Tisch, einen Stuhl und viele Bücher besessen. Aber im Laufe der Zeit habe ich jede Menge angesammelt – dafür gab es reichlich Platz in einem Einfamilienhaus mit fünf Zimmern und großem Keller und Speicher.

Es ist Zeit loszulassen. Der große Sprung auf weniger Fläche steht bevor. Die Erfahrungen beim Schreiben dieses Buches und mein Selbstversuch im Tiny House werden mir dabei helfen.